知識なし 予算なし 人手なし 時間なし

それでも稼げる通販メソッド

＼売ってから、つくる！／

ミニマム通販バイブル

小さな
会社のための
稼げる仕組みの
つくり方

通販プロデューサー&コンサルタント
株式会社ルーチェ代表取締役
西村 公児

standards

はじめに

〰〰〰〰〰〰〰〰〰〰〰〰〰〰〰〰

　本書『「売ってから、つくる！」ミニマム通販バイブル　〜小さな会社のための稼げる仕組みのつくり方〜』は、小さな会社や店舗で顧客獲得に苦労している方々が、広告などで新規顧客を集めるのではなく、今までの既存顧客や知り合いの方々を徐々に「優良顧客」に変えていき、最終的には熱狂的なファンになっていただく仕組み化を実践するための、CRM（Customer Relationship Management：顧客関係管理）を解説する本です。

　単なる表面的なニーズを超えた、顧客が抱いている本当のニーズを見抜き、それを満たす商品やサービスを開発するための戦略を、本書では提供します。通販の真髄は、「売る前につくり出すこと」です。ロイヤル会員からレイヴィングファンまでの顧客を育成し、愛されるブランドを築く方法を学び、CRMの力を最大限に活用し、ビジネスの成功を手に入れましょう。

　また、「ミニマム通販」の全体像をマインドマップ的にまとめたPDFも、巻末に掲載されているQRコードから閲覧できるようにしました（203ページ）。

　このマインドマップは、「ざっくりした流れを把握する」「全体設計図を理解する」「売れる企画のつくり方」「自社の強みを　活かす方法」「中小企業向けの　ブランディング構築法」「サマリー」の6項目で構成されています。

　本書の目次と照らし合わせながら読みつつ、ビジネスのお役に立てていただけますと幸いです。

西村公見

Contents

はじめに...3

Introduction

ミニマム通販とは何か?

01 新しい時代の通販ビジネス=ミニマム通販...........10
顧客との深い関係を築くミニマム通販

02 有事に生き残るためのミニマム通販........................17
売れるものを見つけ、売る仕組みを動かす／注目されるリアルと
ネットが融合したビジネスモデル／土屋鞄製造所のビジネスモ
デル／従来型eコマースの類型／デジタルコマースは「コト付き
モノ」の販売が主流／デジタルコマースの流れはULSSAS(ウ
ルサス)／どのようなマーケットに展開するか／ライザップの「ず
らし戦略」／アイデアを企画にして仕組み化する

Chapter 1

通販ビジネスの基礎知識と
ミニマム通販の基本ステップ

01 「通販」と「物販」は似ているようで異なる...............32
リピートがなければ通販ではない／「3回安定10回固定の法
則」を意識する／モール型ショップが「通販」ではない理由

02 今までの通販とこれからの通販 38
定期購入モデルは難しい時代に／新しい時代の通販は「売って
からつくる」／ハインリッヒの法則を当てはめる

03 ミニマム通販の基本ステップ 43
6つのステップで考えよう

Chapter **2**

まずはSTP分析、そして自社の強みを定める

01 ステップ❶ STP分析を行う 48
STP分析の本質／顧客リストのランクを分ける／ランク別にお
悩みを抽出する／STP分析で導き出されたデータは嘘をつか
ない

02 ステップ❷ UVPをつくる 58
本当のUSP＝UVPをつくるには？／1オーダーあたりの単価を
上げるには

03 カスタマージャーニーマップをつくる 70
なぜ、カスタマージャーニーマップが必要なのか？／事例から
探るカスタマージャーニーマップの必要性／カスタマージャー
ニーマップの作成手順

Chapter **3**

ドライテストを実施する

01 ステップ❸ ドライテストを実施する 86
ドライテストのベースはPMF／まずはPSFを目指す／PMFの

検証＝ドライテスト／まずは40名の友だちを集める／1名の熱狂的なファンをターゲットとする理由

02 近しい人40名との関係性を深める..........................99
アンケートの実施／座談会の実施／「売れる通販指数」を突破する／ドライテストの事例：飲むサツマイモ「ア！ハッピィモ」

03 3つのステップでPNPをつくる.................................105
3C分析の9マスを埋める／バズる商品をつくる「PNP設計／PNPの作成例

Chapter **4**

テストマーケティングを
実施し、リリースする

01 ステップ❹ テストマーケティングを実施する.............114
テストマーケティングとは？／テストマーケティングの手法／地域限定テスト／テストマーケティングの実施例／大企業が実施したテストマーケティングの例／コトやイミの提供／テストマーケティングの事前準備

02 クラウドファンディング成功のポイント①
シナリオ..122
クラウドファンディングを成功させるための3つのポイント／①シナリオ設計　―ユーザー視点で設計する―／男性向け整体パンツ「ZERO」の事例／女性版スポーツ用骨盤ショーツ「ZERO」の事例／「綿100％なのにヒンヤリした寝具」の事例

03 クラウドファンディング成功のポイント②
事前告知..131
②事前告知　―ソーシャルセリングを活用―／ソーシャルセリングの手順／マンゴースイーツ専門店「おきぽたショップ」のつ

ぶやき投稿例／既存顧客をオンラインへ誘導する方法

04 クラウドファンディング成功のポイント③
支援者へのリターン 139
③支援者へのリターン―価格戦略は「松・竹・梅」―／SNSでテストして価格を探る

05 ステップ❺ ファン度テストを実施する 143
ファン度（プレファレンス）とは／ファン度を測定する

06 ステップ❻ リリースする 147
プレスリリースを出そう／プレスリリースの手順／プレスリリース配信サービスの選び方・使い方／オフラインの店舗も活用しよう／ティザー広告を実施する／クラウドファンディングと合わせたプレスリリースの事例

Chapter 5

ミニマム通販で成功した企業たち

01 成功する企業に必要なビジョン 158
コミュニティの目的や目標を明確にする

02 事例❶
ユーザーを巻き込み、共創するインフルエンサー 163
ショッピングを双方向なものに変えるライブコマース／15分で1,900万円の売上を達成したライブコマーサー／フォロワー数万のインフルエンサーじゃなくてもできる

03 事例❷
レッスン動画や体験会を通じて価値提供 167
YouTubeでDIYのレッスン動画を配信／体験価値を提供する

04 事例❸
ブランドストーリーで共感を得る..................170
おやつのサブスク「スナックミー」／ブランドストーリーが共感を
得てコロナ禍でも成長／実運用者1人、半年で顧客2倍、定期購
入率3倍の引き上げに成功したスイーツブランド「フルオーツ」

chapter **6**

これからの通販はどうなる?

01 未来の通販を担う6つの要素..................176
インフラとデバイスの進化が予告する2024年

02 ミニマム通販にも生成AIの波..................178
生成AIで業務効率向上／競合分析を行う

03 海外輸出を見据えた通販運営が必須に..............186
円安というボーナスチャンスを生かす!／どの国へ展開するか
／調査すべき項目／海外通販で有効なライブコマース

04 商品がない場合にはどうするか..................192
他社商品を仕入れて販売する方法もある／他社商品を取り扱
う際はコンセプトが重要に／売れるものを見つける8つの方法

おわりに..................199

読者特典..................203

ミニマム通販とは何か？

コロナ禍以降、多くの事業者が営業不振に陥って悩んでいるなか、ネットをメインに確実なファン層に向けて情報発信と販売を繰り返す「ミニマム通販」が大きな成果を収め、いまだ身動きが取れない既存の通販に差をつけています。いったい「ミニマム通販」とは何なのか？このIntroductionではまず、その概要をお伝えします。

01 新しい時代の通販ビジネス＝ミニマム通販

顧客との深い関係を築くミニマム通販

　現代の消費者は、単なる商品購入を超えた「体験」を求めています。ですが、従来のeコマースは物理的な商品の販売に限定されており、顧客体験の深化が不足しています。

　この限定されたアプローチは、消費者の求める「体験」や「コト消費」（商品の購入やサービスの提供により得られる体験や経験を重視する消費行動）を与える機会を逃しています。**消費者はただの商品ではなく、それに付随するストーリーや体験を重視するようになっているのです。**

　この流れに乗り遅れると、企業は顧客の関心を引き続き維持することが難しくなります。体験を重視しないビジネスモデルは、競争で遅れをとり、市場のシェアを失う可能性があります。

　「ミニマム通販」はこのギャップを埋める解決策です。このアプローチでは、単に商品を販売するだけでなく、その商品に関連するユニークな体験やストーリーを提供します。

　これにより、確実なファン層を構築し、顧客とのより深い関係を築くことができるようになります。顧客はただの商品ではなく、その商品の背後にある価値と体験を購入することになるのです。

　「売ってから、つくる」ミニマム通販とは、表面的なニーズだけでなく、本当のニーズを満たす商品やサービスを開発する手法です。

D2C（Direct to Consumer：メーカーが中間流通を介さず自社のECサイトなどを通じ、商品を直接消費者に販売するビジネス）や通販のEコマースは、将来の消費社会における以下のような傾向と合致しています。

●仮想現実（VR）がショッピングを変える
VRを使用して商品をバーチャル試着できるようにするなど、消費者に臨場感のあるショッピング体験を提供し、購入した後に後悔するようなリスクを減らします。

●人工知能（AI）がカスタマーエクスペリエンスを強化する
AIは消費者の嗜好を分析し、個別に合った商品を提案し、パーソナライズされたアプリと連携して顧客体験を向上させます。

●ソーシャルメディアとEコマースの融合
ソーシャルメディア上で商品を見つけて、口コミやレビューを通じて信頼性の高い情報を得るようにしたり、特別なショッピングイベントや限定セールを実施することも増えるでしょう。

この見通しからわかるように、有形や無形の概念だけでの価値提供は、事前期待を超えることはないでしょう。

むしろ、有形や無形の概念をセットにしたり、周辺や関連アイテムとの連動性を明確に打ち出せば、消費者の購入欲求はさらに強くなっていくようになります。表立ってのニーズだけではなく、真のニーズを満たすように、（仕入れや委託やオリジナルを含めて）商品を設計することが重要なのです。

「人はなぜ朝にミルクシェイクだけを買うのか？」という、顧客の深

層心理に伴うマーケティングの本質をとらえた良書『ジョブ理論 〜イノベーションを予測可能にする消費のメカニズム〜』(クレイトン・M・クリステンセン 著／ハーパーコリンズ・ジャパン)で紹介される、ジョブ理論(イノベーションを予測可能にする消費のメカニズム)の事例を要約するとよくわかります。

ミルクシェイクを買う顧客は1人で入店し、ミルクシェイクだけを買い、車でそのまま走り去るケースが多かったのです。

そのパターンが見えたところで、調査チームは顧客に「何のためにミルクシェイクを購入したのですか?」と尋ねたといいます。

返ってきた答えは「飲み終わるのに時間がかかり、片手で持つことができて、ボトル入れに収まるカップサイズであり、かつ腹持ちの良い飲料のため飲みやすく、長時間の運転の手持ち無沙汰の解消にもつながるため」といったことです。

価値提供としては、「運転の邪魔にならず、食欲を満たし、手持ち無沙汰を解消する」というものです。

3C分析(Customer:市場・顧客、Company:自社、Competitor:競合という3つの「C」について分析し、事業計画やマーケティング戦略を決定する方法)に即して言うと、

「自動車通勤車内での食事として売り出す」(自社)

「バナナ、ドーナツ、ベーグルが競合」(競合)

「顧客はもちろん自動車通勤している労働者」(市場・顧客)

となり、通勤に1〜2時間程度の運転する顧客をメインターゲット(ペルソナ)にしています。

そして、ここで解決する問題(ジョブ)は、「通勤中に済ませたい最適な食事」です。運転中の時間を満たすことが、ミルクシェイクが売れるための大きな価値をつくることになったのです。このように、表立ってのニーズ(食欲を満たす)だけでなく、真のニーズ(時間を満たす)に応えるものが、消費者には選ばれやすいのです。

こういった価値をもったモノをつくるように設計するために、顧客との対話は必要です。

ミニマム通販は、確実なファン層に向けて情報発信と販売を繰り返すことで、既存の通販に差をつけています。

ミニマム通販の成功のポイントは、以下のようなものです。

❶顧客の未来を描く

商品を購入した顧客の未来をイメージさせることを重要視します。商品を使った未来のシナリオを提示し、それが顧客にとってどれだけ素晴らしいものかを伝えます。これにより、顧客は商品を購入することで、より良い未来を手に入れると感じることができます。

❷感動を創出する

商品単体の特徴だけでなく、商品を通じて感動を生み出すことを重視します。商品購入が単なる取引ではなく、感動を共有する体験であると考え、そのような感動を顧客に提供することを目指します。

❸商品の価値を体験に結びつける

商品を販売する前に、商品が顧客の生活にどのような価値をもたらすかを強調します。例えば、カメラを売る際、高画質や機能だけでなく、写真を撮って家族の思い出を形にすることができる「体験」の要素を強調します。このように、商品の使用に関連する感情や体験を、顧客に明確に伝えることが重要なのです。

全体設計図フロー　ベルトコンペア理論

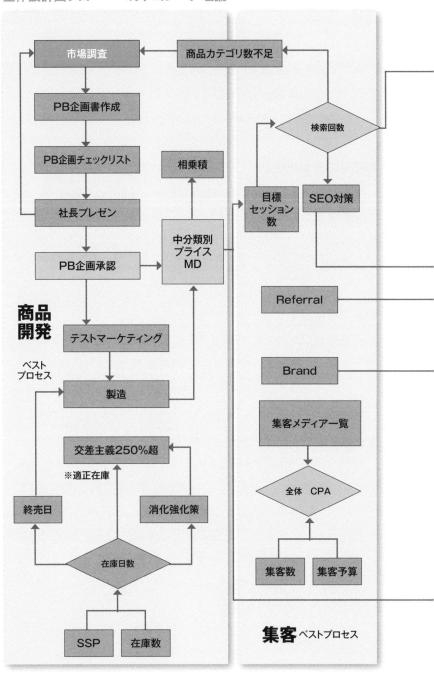

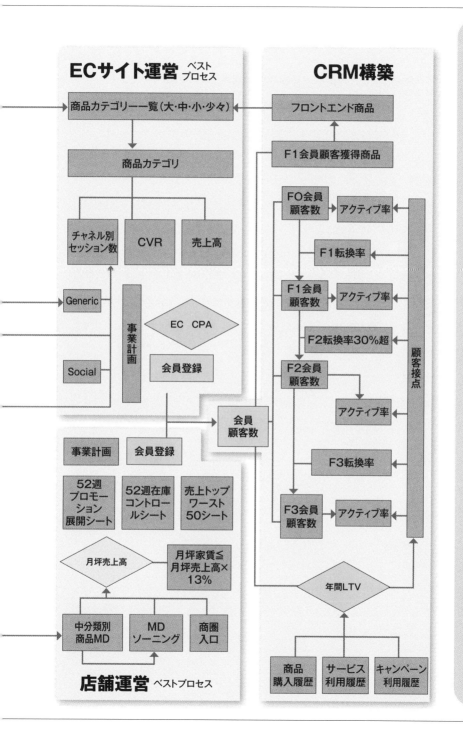

ECサイト運営 ^{ベスト}プロセス

CRM構築

商品カテゴリー一覧（大・中・小・少々）

フロントエンド商品

F1会員顧客獲得商品

商品カテゴリ

チャネル別セッション数　CVR　売上高

FO会員顧客数　アクティブ率

F1転換率

Generic

事業計画

EC　CPA

F1会員顧客数　アクティブ率

F2転換率30%超

Social

会員登録

F2会員顧客数

アクティブ率

会員顧客数

F3転換率

事業計画　会員登録

F3会員顧客数　アクティブ率

52週プロモーション展開シート　52週在庫コントロールシート　売上トップワースト50シート

顧客接点

月坪売上高　月坪家賃≦月坪売上高×13%

年間LTV

中分類別商品MD　MDゾーニング　商圏入口

商品購入履歴　サービス利用履歴　キャンペーン利用履歴

店舗運営 ^{ベストプロセス}

つまり、

> ・商品スペックから生活シーン提案へ
> ・ハード（商品・プロダクト）＋ソフト（使い方）をセットで編集

　この2点を意識した伝え方こそがミニマム通販の真髄であり、ここを押えることでお客様への正しい価値の伝え方が見えてくるわけです。製品やサービスの提供のみが重要というわけではない理由も、ご理解いただけるでしょう。

　プロダクトのコンテンツ化とはつまり、プロダクトそのものに人に語りたいストーリーをまとわせるということです。それにより、プロダクトそのもの以上の価値を持つことになるので、もし競合商品が登場したとしても、単なる機能レベルだけで比較されることはなくなります。価値の基準が情緒的になってくるのです。

　だからこそ、ユニークで絶対的なポジションを獲得することができるのです。つまり、ミニマム通販ビジネスのプロダクトは「誰かに語りたくなるような商品」でなければならないのです。

02 有事に生き残る ためのミニマム通販

売るものを見つけ、売る仕組みを動かす

　約3年に及んだ新型コロナウィルス感染症の流行、ロシアによるウクライナ侵略、原油・原材料価格の高騰、円安の加速、人材不足など、中小企業・小規模企業にとって先が見えない状況が続き、多くの企業や店舗が負け、沈んでいました。

　一方、そこで諦めずに前へ進んでいる企業・店舗も数多くあり、何もしなかった企業・店舗とは大きな差をつけています。

　では、負けている企業・店舗と、前に進んでいる企業・店舗ではどこが違うのか？

　最も大きな違いは、前に進んでいる企業・店舗は、**「売るものを見つけ、売る仕組みを動かしている」**ことです。つまり、顧客の需要にしっかり応えて供給する力があるかないかということが、重要になります。

　その仕組みの最たるものが、令和時代においては、通信販売とSNSのファンの存在です。そして通信販売のなかでも、誰でもすぐに取り掛かれる小さな通販＝「ミニマム通販」を本書ではおすすめします。

　通販に興味があっても、「通販は難しい」「通販はお金がかかる」「通販は人手が必要だ」などの誤った認識を持ち、挑戦を断念する人は多いようです。確かに通販は、お金や手間を全くかけずに、簡単に成功するようなものではありません。

しかし、特殊なスキルや莫大な資本がなければできないものでもないのです。**正しい知識を持ち、少しのお金と手間をかければ、誰でも通販ビジネスを軌道に乗せることは可能**です。

とはいえ、その正しい知識を知る機会が少ないのも事実。ましてやミニマム通販のやり方に関しては、ネットや書籍を探してもきちんと説明した情報は皆無といえます。

私は通販コンサルタント＆通販プロデューサーとして、これまで自らの通販ビジネスを立ち上げ、運営してきただけでなく、多くの企業に対し通販のコンサルティングやサポートを行い、実績向上に寄与してきました。

本書はその経験と知識を総動員して、通販の仕組みづくりを読者の皆さんに指南する書籍です。中小の企業・店舗が「有事に生き残るためのミニマム通信販売」をテーマとしています。

注目されるリアルとネットが融合したビジネスモデル

これまで通販事業や小売産業では、実際の商品を販売する選択肢の1つとしてインターネット通販が存在していました。いくつかある決済の手段としてインターネット通販が利用されていた状態です。

一方、現在では、完全にネットだけで販売しているブランドや小売店も少なくありません。ネット上で商品を展開させ、ネット上で決済を行うなど、完全にネットの上だけで完結するというサービスも定番になっています。

また昨今では、超高速通信「5G」の導入により、リアルの良いところとオンラインの良いところを兼ね合わせた新しい概念の販売形態が登場しています。中国のアリババグループはそれを「ニューリテール」と表現しており、すでに広がっています。

アリババグループが考えるニューリテールのモデルは、リアルとオ

ンラインでそれぞれ別になっていた「物流」「テクノロジー」「顧客データ」といった全てのものを統一してしまうことです。顧客や消費者側の体験を前提として商品や店舗の間に生まれるビジネスを、全て再構築しようとしています。

　日本でもデジタルとリアルの融合は注目されています。YouTubeやFacebookなどのライブ配信サービスのように、画面越しに相手を支援するシステムがそのベースになります。消費者はライブ会場やリアル会場にいなくても、自身の「推し」を支援したり現場を盛り上げたりできるということです。
　自由に会いに行けない社会情勢の中で発展したニューリテールという新たな基盤が、急ピッチで成長しようとしているのです。

　通販事業でも今後、デジタルとリアルの融合にますます注目が集まるでしょう。店に行かずに商品が手に入る、体験を通してお店の利益につながるという、今までになかったビジネスが普及しつつあります。

土屋鞄製造所のビジネスモデル

　一例として、CRAFTCRAFTSという通販プロジェクトのビジネスモデルと強みを説明します。CRAFTCRAFTSは株式会社土屋鞄製造所が挑戦する、サスティナブル（持続可能）な新プロジェクトです。

●土屋鞄製造所
https://tsuchiya-kaban.jp/
●CRAFTCRAFTS
https://tsuchiya-craftcrafts.jp/

土屋鞄製造所では、「長く使えるもの」をコンセプトに、職人が丹精を込めて製品をつくり続けてきました。その新プロジェクトであるCRAFTCRAFTSでは、リユース・リメイク・リペア（修理）を3本柱として次のサービスを提供しています。

> リユース：お客様から無料で鞄を引き取り、クリーニングや修理を施した上で、次の愛用者にお届けする。
> リメイク：お客様の要望に応じて鞄を別のものにつくり変える。
> リペア：壊れた鞄を修理して、長く使い続けられるようサポートする。

　強みは、土屋鞄製造所の確かな技術と豊富な知識を活かして、オリジナルブランドの皮革製品を丁寧にリユース・リメイク・リサイクルすること。リユースサービスにより、鞄のライフサイクルを延ばし、サスティナブルな消費を促進しています。リユース品は新品同様の返品保証や修理サービスがついており、通常価格の半額から25%引き程度で購入できます。
　CRAFTCRAFTSは、鞄の「手放し方」をアフターサポートし、新しい愛用者の元へ届けることで、持続可能な未来を目指しています。

　他にも、本書の5章でもライブコマースを駆使し15分で1,900万円の売上を上げたインフルエンサーのブランド「Lil Ambition」（リル アンビション）の事例を紹介しています（164ページ）。

従来型eコマースの類型

　新しい時代のミニマム通販を理解するために、まず従来型のeコ

マースの商品展開と販売方法について知っておきましょう。

　従来のeコマースのタイプは、大きく「モール型」と「自社サイト型」に分かれています。

　モール型通販では、多数の店舗が集合したショッピングセンターのような通販サイトを通じて商品を販売します。楽天市場やAmazonなどが主な例です。同一サイトの中で複数の店舗が存在し、顧客自身はその中で自分が欲しいアイテムやブランドを探すといった方法です。

　モール型にも種類があり「統合管理型モール」「テナント型モール」「マーケットプレイス型モール」の3つに分かれます。

●統合管理型モール

　統合管理型モールは、出店側が簡単にECサイトを構築できる、運営の負担が少ないシステムです。本部がまとめて店舗の管理・運営を行い、ブランドやカテゴリなどわかりやすく分類されています。

●テナント型モール

　テナント型モールはプラットフォームとなるサイトが存在し、その中で企業が運営管理を行うシステムです。サイトによってデザインを変えて個性を出せます。

　サイト運営や商品管理は、出店企業が自分で行います。EC運営の負担はかかりますが、ある程度自由が利く点が特徴です。テナント型モールの代表が楽天市場です。出店に際しては初期費用や月額が必要です。

●マーケットプレイス型モール

　マーケットプレイス型モールは、商品販売を希望する企業を集め、商品の情報だけを掲載している状態で、商品管理自体はモール側が行います。サイト運営自体も比較的簡単ですが、顧客からすると企業

自体の印象があまり残りません。マーケットプレイス型モールの代表はAmazonです。

　また、これらのモール型以外に、自社サイトでネット通販の運営を行うケースがあります。自力でサイトを立ち上げ、その中で運営や管理・販売を行うスタイルです。自社サイト型は、サービスやデザインなどに自分のこだわりを反映させやすいというメリットがあるものの、運営費や商品管理のほか、宣伝活動なども全て自力で行う分、負担が大きい運営方法と言えます。

デジタルコマースは「コト付きモノ」の販売が主流

　本書では、ミニマム通販を含む新しい世代の通販ビジネスをeコマースではなく「デジタルコマース」と呼びたいと思います。では、デジタルコマースとは何なのでしょうか。

　従来型のeコマースとは、「モノ」のみを販売するビジネスです。ユーザーはネットショップに掲載されている商品の中から、自分が欲しい「モノ」を選んで購入します。

　一方、**デジタルコマースは、「モノ」だけではなく「コト」も重要視する通販ビジネスのスタイルです。**「物事の体験」＝「コト消費」がより加速していくのがデジタルコマースといえます。まとめると、体験を通じた「コト付きモノ」の販売がデジタルコマースということになります。

　顧客から見たデジタルコマースの最大のメリットは、効率よく買えることです。実際に店舗へ足を運ばなくても画面上で商品を比較できます。また、比較サイトなどを通じて自分にぴったりなものを探すことができます。消費者がどこでも買い物ができるように、LINEでのチャットを組み込み、注文までスムーズに流れる仕組みを持っているショッ

プも多くあります。たとえ通勤中の電車の中であっても、欲しいと思ったものを購入できるのです。

　店側のメリットは、レジを用意したり商品陳列などの作業を行ったりする必要がないため、専任の販売員がいらないことです。注文後の発送作業などには人員が必要ですが、販売だけを担う人員を置く必要はありません。その分、人件費を抑えられるため、経営効率が良いのがデジタルコマースです。

　逆にデジタルコマースのデメリットとなるのが「情報の信用性の低さ」です。たくさんのネットショップが存在する中で、信用性の低い情報が蔓延しているのも事実です。そのサイトの商品データが正しく客観的なものなのか、本当にそのサイトで買ってもいいのか、ユーザーにとっては判断が難しくなります。ユーザーに「あやしい」と感じさせてしまうと商品を買ってもらえません。

　だからこそ、**小さな会社がミニマム通販で生き残るには、信頼性を担保することが大切になります。そのためには「モノ付きコト」をセットで提供できることがとても重要です。**モノとコトをセットで売るにはアイデアが必要になってきます。

デジタルコマースの流れはULSSAS（ウルサス）

　デジタルコマースにおいて消費者は、実際に使った人の体験を参考に商品を選択・購買します。SNSでの「いいね」やコメントをもとに、ハッシュタグ検索をしたり、商品のページやLP（ランディングページ）に飛んだりしてから商品を購入するということです。

　現代のデジタルコマースでは、SNS上の「いいね」やレビューコメントの重要性が非常に高いということです。

　このような消費者の行動や購買モデルのことをULSSAS（ウルサ

ス)と呼びます。

【ULSSASとは?】

U：UGC（ユーザーゼネラルコンテンツ、つまりネット上のクチコミ）

L：Like（いいね!）

S：Search1（検索第一段階。SNSでのハッシュタグ検索）

S：Search2（検索第二段階。Google検索）

A：Action（購買・契約）

S：Spread（広げる・拡散する。商品やサービスを使ってみた感想をSNSに投稿する）

このような順で行動するのがSNS時代のユーザーです。**ULSSASを踏まえて、顧客の声をマーケティングや商品づくりに生かすことが、デジタルコマースの運営では重要です。**

デジタルコマースを成功させるためには、InstagramやX（旧Twitter）、FacebookなどのSNSの活用が必須といえます。

ただし、全てのツールを使用する必要はありません。企業の世界観の雰囲気やイメージ、戦略にあったSNSを選べばよいでしょう。

例えばInstagramは、おしゃれなイメージが強く、「映え」が重視されるSNSです。そのため、写真映えしそうな小物やファッションなどのアイテムを展開している店にとっては、宣伝としてぴったりな場所です。専用のハッシュタグ（#）が使われ、商品、ブランド、ジャンルに合わせたコミュニケーションの場がつくられています。

Xは話題性が重視されることが多いSNSです。今注目されているジャンルやアイテムのほか、あっと驚かされるような意外性を持った

アイテム、便利アイテムなどがユーザーの間で拡散され、思わぬところで流行に発展します。個人も例外ではなくたくさん拡散されることによって人気になったブランドやハンドメイド作品なども多くあります。

　YouTubeも有効です。例えば北海道のメロン農家「寺坂農園」さんは、メロンの成長の日々を、ブログのほかYouTubeで発信しています（https://www.youtube.com/@terasakanouen/）。農家が商品を直販するだけでなく、YouTubeなどのSNSを有効活用しているということで、話題性とギャップが生じ、ファン獲得につながっています。

　この農園では、商品の予約を受け付けています。日々の動画や成長過程を見て、「メロンが欲しい」と思った消費者向けに予約販売を行っているのです。消費者は自分が注文したメロンが成長する過程を映像で見て、自宅に届くのを楽しみに待つことができます。これは消費者にとって貴重な「体験（コト）」になります。

　一方の農園側にとっては、予約販売をすることで、ロスを減らし、在庫が残りにくくなるメリットがあります。中間業者を通さず直販することで、高い利益率を確保できます。

どのようなマーケットに展開するか

　デジタルコマースでは、どのような市場に展開するのかということも重要な判断ポイントとなります。大規模企業と小規模企業では戦略は異なります。

　大規模企業の場合は、商品開発力や資金を生かし、ブルーオーシャン（競争相手がほとんどいない市場）に飛び込めます。つまり、自社で市場をつくっていくということです。

　例として育毛シャンプーの「スカルプD」があります。スカルプDが

売れた理由は、従来の製品とは違い、頭皮を「洗う」ことにフォーカスしたことです。それまでシャンプーは、髪の毛を洗い清潔にするための商品でした。スカルプDはこのシャンプーに「育毛」という役割を持たせた新しい商品分野を開拓したわけです。当時は、男性の頭皮を洗う商品の市場はありませんでした。

　一方、商品開発力や資金力の乏しい小規模企業・店舗の場合は、レッドオーシャン（競争相手が多く存在している市場）に飛び込んでいくのが基本です。**すでに一定以上の規模がある市場に参入し、自社ならではの専門性や特徴、尖ったコンセプトを打ち出してシェアを獲得していきます。**

　悩みや問題に特化した商品は、この戦略にフィットしやすいといえます。例えば化粧品で、ニキビに特化した商品がすでにいくつかの企業から販売されていたとします。そのような市場において、ただ「ニキビに効く」商品を売るだけではシェアを獲得できません。

　しかし、「顎ニキビ」や「背中ニキビ」など特定部位に特化した見せ方をすれば、顧客の悩みに寄り添っているので注目されやすくなります。大手の化粧品会社が掲げていない、より絞り込まれた専門性にフォーカスしていくかたちです。これらは1つのアイテムで売上10億円を超えています。

　すでにある市場でシェアを獲得するためには、「ずらし戦略」も有効です。例えば、おむつといえば一般的に赤ちゃんに使うものですが、対象者を高齢者にもずらせば「高齢者用おむつ」になります。

　昨今注目されている「大人の粉ミルク」も、赤ちゃん向け商品のターゲットをずらし、「成人向けにしてみては？」という発想のもと開発したものと考えられます。その結果、栄養補助食品として新たな商品が生まれました。定番化された商品でも、対象者をずらして考えると、そこ

にブルーオーシャンが広がっていることがあるのです。

ライザップの「ずらし戦略」

　「結果にコミットする」というキャッチコピーのテレビCMをよく見かけるプライベートジムの「ライザップ」は、個人向けからスタートし、法人向けにターゲットを横展開しました。従業員の健康を維持するための福利厚生サービスを開始したのです。

　また、英会話やゴルフなどの事業も展開するようになりました。これらに対しても「結果にコミットする」ことで、高額価格帯の事業を続けたビジネスモデルを大きなイノベーションを行い、新たに成功の道を歩んでいます。

　さらに、「ライザップ」のビジネスモデルとは正反対のコンビニ型フィットネス「チョコザップ」を展開しています。

　高額料金をつけ、それを払えるダイエットの本気層に徹底的にトレーナーが伴走する「ライザップ」に対して、いつでも、5分から着替えなしで利用できる無人店舗を展開する「チョコザップ」。一気に多店舗を展開し、多数の顧客を獲得しています。

　ライザップの事業のドメインは、「結果にコミットする」です。このドメインの優れている点は、「主語がない」ことです。

　もし、ライザップが「ダイエットの結果にコミットする」というドメインの企業であったとしたら、チョコザップの展開はドメインの外側で行ったことになり、企業としてのドメインを変更しなければならなかったでしょう。何の結果にコミットするのかを明言しないことで、ライザップは、チョコザップも「結果にコミットする」事業だということができたのです。

このように、個人から法人へ、あるいは本気層からお手軽層へ、と
ターゲットをずらして考えてみることも、商品アイデアを出す方法の1
つです。**大手企業が事業を展開する市場にはたくさんの関連市場が
あります。調査をしてみると、ミニマム通販における新商品の種が転
がっているかもしれません。**

アイデアを企画にして仕組み化する

　有事の際に生き残るためのミニマム通信販売では、アイデアを企画
にして、仕組み化することが大切です。

　これからはより顧客と近い位置で、デジタルとリアルの融合を図り
ながら通販ビジネスを展開する時代です。クチコミや「いいね！」がよ
り重視され、実際に体験することの価値が高まる時代になります。

　実際に、エシカル消費（倫理的消費＝消費者が社会的課題の解決
や、社会課題に取り組む事業者の応援といったことを考慮して消費を
行うこと）が拡大しています。「コト付きモノ」を購買し、その体験を次
の購買につなげるのが、現代の消費者の新しい価値観といえます。

　体験型の消費が増えることによって、新しい価値観だけではなく働
き方も変化しています。娯楽にも変化が生まれるでしょう。お笑いライ
ブやコンサートなどをオンラインで初めて観賞した消費者が、「次はリ
アルの会場で見よう」と行動に移すことも予想できます。

　都内にある3Dスキャナーを活用したオーダーメイドジーンズ店で
は、顧客体験型の販売手法を導入したことにより、コストを削減させ、
オーダーメイドジーンズを15,000円で提供できるようになりました。
消費者にとっては、これまで敷居の高かったオーダーメイドという価
値を、より身近に体験できるようになりました。

　ミニマム通販に取り組む上で、時代の流れや若年層の消費スタイ

ルに合わせた最新テクノロジーの活用は見逃すことはできません。常にアンテナを張り、新しい情報をキャッチアップしておく必要があります。例えば2024年以降、鍵になるキーワードとしては以下のようなものがあります。

バズ商品
個人的が生む
#「壁」を超える&壊す
#「逆」を行く
#「既存」を最高に活かす
好奇心ファースト
#タイパ

他にも物販や通販と言った「モノ」がある場合には、手にした感情面にフォーカスした、

- ご自愛
- 家族と楽しむ
- ミニマリストへ
- 気持ちがアガる
- 光る職人技
- つくり手に共感
- 地域を応援
- サスティナブル
- エコロジー
- アイデアに脱帽
- ライフハック
- 自慢したい

- ・差をつける
- ・うちの子が喜ぶ

といったキーワードを意識して商品設計するのもいいでしょう。

　従来の売れ筋の商品に固執しない、1人をスーパーヒーローにしない文化こそ、良い顧客体験（CX）を生み出します。ミニマム通販では、「ブランド（店）側がつくりたいものをつくって、マーケティングテクニックを駆使して売る」というアプローチを選択しません。**SNSをベースに多数の支持者を集めてから、ユーザーの悩みを解決する商品をつくって売り出すというアプローチを基本にします。**

　「SNSをベースに多数の支持者を集めてから、ユーザーの悩みを解決する商品をつくって売り出す」というアプローチは、SNS上でのマーケティングにおいて一般的な手法のひとつです。この手法は、多数の支持者を集めることで、商品の需要を高め、販売促進につなげられます。

　ただし、SNS上での支持者の獲得には、コンテンツの質や、ターゲット層の選定など、多くの要素が関わってきます。

　また、商品の開発にあたっては、ユーザーのニーズを正確に把握し、それに応える商品を開発することが重要です。このため、マーケティングにおいては、市場調査や分析が欠かせません。

　SNS上での支持者の獲得には、ターゲット層の選定が重要です。自社の商品やサービスに関心を持ちそうなユーザーを選定し、そのユーザーに向けたコンテンツを提供することで、支持者を獲得できます。その具体的な方法について、Chapter1から解説します。

1

通販ビジネスの基礎知識とミニマム通販の基本ステップ

ミニマム通販が従来の通販システムと異なる点は、「モノをつくってから売る」のではなく、「顧客を集めてからモノをつくって売る」、そのプロセスにあります。それは従来のeコマースとも一線を画すネット戦略のメソッドです。Chapter1ではまず、通販ビジネスの基礎知識と、ミニマム通販の概要、基本的なステップを解説します。

01 「通販」と「物販」は 似ているようで異なる

リピートがなければ通販ではない

　「通販」について話をする時に、「物販」と混同している方がいます。モノを仕入れて売るという点で両者は同じですが、明らかな違いもあります。その違いとは次の通りです。

> ●物販:リピート化しない（単品販売で粗利を作る）⇒粗利ビジネス
> ●通販:リピート化する（リピートで粗利を作る）　⇒会員ビジネス

　物販にはリピートがないのに対して、通販はリピートしてもらうのが前提です。リピートの定義は、「1年で3回以上、平均LTV18,000円以上」です。

　LTV（Life Time Value）とは、顧客生涯価値を意味する指標です。この場合は、**1人あたりの顧客のLTVが1年間で平均18,000円以上の買い物をして初めて、リピート化できたと言えます。**

　なかには年1回しか購入しない人や2回までしか購入しない人もいるので、平均LTVを上げるにはより優良顧客を増やしていくことが基本です。

　住宅はどうでしょうか。多くの人にとって住宅は一生に一度の買い物です。数十年の長期で見れば、2、3回買い換える人もいるかもしれませんが、1年のうちに買い換えることは通常では考えられません。つ

まり住宅販売は「物販」ビジネスといえます。

　モノを仕入れて（製作して）販売し、粗利で稼ぐビジネスでは、どんな商品を取り扱っているとしても、「1年で平均3回以上、平均のLTV18,000円以上」の販売が見込めないのならば、それは物販です。反対に、「1年で平均3回以上、平均のLTV18,000円以上」の販売ができるのであれば、それは通販です。化粧品やサプリメントの販売などはリピートが見込めるので、通販と言えます。

　これは重要なポイントなので、しっかり理解しておいてください。

　通販はなぜリピート化が可能なのか。それは、顧客リストを取得しているからです。顧客リストは、顧客との関係を築き、顧客に連絡したり、情報を提供したりするために使用されます。そのようにしてリピート購入を促すことで「1年で平均3回以上、平均のLTV18,000円以上」が実現します。

　ただし、「平均のLTV18,000円を平均3回以上で割り返した6,000円が単価と考えてよいですか？」という質問をよく受けるのですが、加重平均値が18,000円以上になるので、単価が6,000円というわけではありません。

「3回安定10回固定の法則」を意識する

　売上アップに欠かせないリピーターづくりにおいて、まず最初に意識したいことは「3回安定10回固定の法則」です。

　「3回安定10回固定の法則」とは、船井総研が提唱したマーケティング理論の1つです。

　この法則によると、**「一定期間内に顧客と3回接触することで、その顧客は安定的に来店するようになり、10回接触することで、その顧客は他社に行くことはほとんどなくなる」**とされています。飲食店や小

売店などでよく使われるマーケティング理論のひとつです。

　この法則を実践するためには、顧客との接触回数を増やすことが重要です。例えば、スタンプカードを導入することで、顧客が再来店しやすくなります。

　また、SNSを活用することで、顧客との接触回数を増やすこともできます。この法則を理解し、実践することで、顧客との関係をより良好に保てます。

　「お客様が一定期間内に3回来店すれば安定客となって4回目以降の来店につながり、さらに10回以上来店すれば継続的に来る固定客になる」ということを目安にしてください。店舗ビジネスの黄金比ですが、ネット通販の無店舗販売にも適応できます。

モール型ショップが「通販」ではない理由

　ところで、Amazonや楽天市場は「通販」でしょうか？　「物販」でしょうか？

　「通販」と答えてしまいそうになりますが、事業者の視点から正確にいえば「物販」です。なぜなら、出店者がリストを得られないからです。より正確にいえば、リストを使ってメールを送ることはできるものの、リスト自体を自社のために二次活用できない、ということです。そのため、リピート率を上げるための施策を打つことが困難なのです。

　あなたがAmazonで商品を買う時のことを考えてみてください。Amazonを利用する時、あなたは「Amazonに出店している○○ショップで買った」ではなく、「Amazonで買った」という意識でいるのではないかと思います。

Amazonには、Amazonだけでなく多くの企業・店舗が出店し、商品を販売しています。購入する消費者は、どこから買ったかはあまり気にしていません。どこの企業・店舗から買ったか意識していないわけですから、「次もあの店で買おう」「あの店はいい商品を取り扱っている」などと考える機会も少ないです。

楽天市場も同様です。つまり、**楽天市場やAmazonなどのモール型通販に出店して商品を販売する場合、「ユーザーは店舗のことを意識しづらい＝出店者は自店舗のファンをつくりづらい」**ということが言えるのです。

もちろん、楽天市場やAmazonに出店するのが悪いということではありません。**売上をつくることにフォーカスした場合、楽天市場やAmazonは有益です。**モール型通販は、集客力が高いため、出店すればとりあえず一定の売上を見込めるという大きなメリットがあります。

しかし一方で、自店舗のファンをつくり、リピーターになってもらうことが難しい側面もあるのは事実。自社の顧客をリピーター化するなら、楽天市場やAmazon以外での施策に取り組む必要があります。より多くのお客様とつながり、より多くのものを売ろうとするならば、物販ではなく通販に取り組む必要があります。

売上を上げたいなら物販、自社の顧客を育成しブランド化したいなら通販、が大切な考え方です。

あなたがこれから取り組もうとしている「ミニマム通販」は、あくまでも「通販」ですから、リピート顧客を獲得することが大切で、かつ大前提です。あなたの店をブランド化し、ファンをつくり、ファンによるリピート購入を目指します。ミニマム通販では、このような新しい販売方法を前提とした商品設計やビジネスモデルに取り組むことを意識して

ください。

　優良顧客が必ずしも自社のファンというわけではありません。また、反対にファンだからたくさん購入してくれるのが優良顧客、というわけでもありません。優良顧客&ファンを一気に獲得はできないので、まずは一般顧客を優良化できるように育成し、その育成した顧客にファンになってもらうための特別な流れが必要になります。

●優良顧客と自社のファンの違い

　優良顧客とは、多くの商品やサービスを購入する顧客のことですが、彼らが自社の製品やブランドのファンであるとは限りません。逆に、自社のファンである人が必ずしも多くの購入をするわけではありません。

●通販事業とファンづくり

　通販を通じて自社のファンをつくりたい場合、単に優良顧客を増や

新規顧客を優良顧客化していく流れ

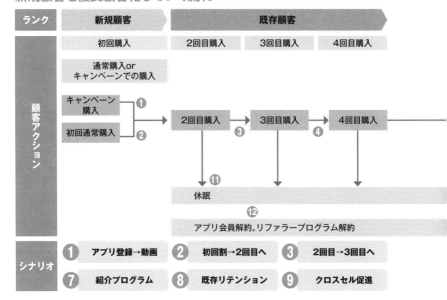

すだけでは不十分です。まずは一般の顧客を優良顧客に育成すること
が重要です。これには、顧客に満足してもらい、リピーターになっても
らう戦略が必要です。

●特別な流れの必要性

顧客を優良顧客に育成した後、さらに彼らを自社のファンにするた
めには、特別なアプローチや流れが必要です。具体的には、顧客との
関係を深めるための独自の取り組みや、特別な体験を提供することな
どです。

要するに、通販事業においては、ただ商品を売るだけではなく、顧客
を優良顧客へ、そして自社のファンへと育て上げるための段階的な戦
略が重要だということです。これには、顧客のニーズを理解し、満足さ
せることに加え、ブランドに対する愛着や忠誠心を高めるための独自
のアプローチが求められます。

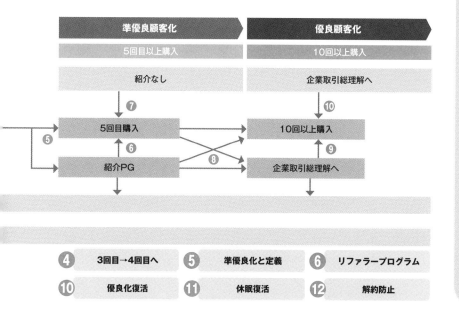

02 今までの通販と これからの通販

定期購入モデルは難しい時代に

　今までの通販のビジネスでよくある販売手法として、「お試し」「初回無料」という文言で消費者にアピールし、実際には数カ月の「定期購入」の契約を結ばせるといった方法がありました。さらに定期購入をした顧客に対しては、関連商品や付随商品を紹介して、アップセル・クロスセルを狙うという手法です。

　従来、一般的だったこのやり方は残念ながら崩壊しています。その理由は、詐欺的な手口でこの定期購入商法を展開する事業者が増え、消費者センターにたくさんのクレームが入ったためです。その結果、特定商取引法が改正され、従来のような定期購入モデルはほぼ不可能になりました。

　現在、定期購入契約の商品を販売する場合には、消費者が支払うことになる代金の総額（税込）を明示することが義務になっています。さらに定期購入が必須条件ではなく、単品購入もできることを謳う必要があります。この改正特商法による定期購入モデルの禁止は、通販業者に大きな影響を与えることになりました。

ネット通販事業者がサイトに表示しなければならない項目

配送情報の確認	配送先住所、氏名、電話番号などの情報を明瞭に表示。予定の配送日や時間帯の選択もこの画面で確認。
支払い方法の明示	選択した支払い方法（クレジットカード、代金引換、銀行振込など）を表示。必要に応じて支払い情報の一部を表示。
購入条件やポリシーの再確認	返品・交換のポリシー、解約方法（定期購入の場合）、プライバシーポリシーなどのリンクや短文を配置。定期購入の場合は、次回の請求日や解約の手続き方法を明示。
購入ボタン	「購入する」や「注文を確定する」などの文言を使い、注文が確定する旨を明確にする。色やサイズで他のボタンと区別。
安全性のアピール	SSL暗号化などのセキュリティ対策を明示するアイコンや文言を表示。支払い情報の取り扱いに関する簡単な説明を追加。
サポート情報	問題や不明点があった場合のカスタマーサービスの電話番号やメールアドレスを表示。

新しい時代の通販は「売ってからつくる」

　では、通販事業者はどのようにすればリピート購入をしてもらえるのか。その答えは、**「売ってから、つくる」**です。

　従来の通販では、商品提供の流れは「つくってから、売る」が当たり前でした。この流れは、完成品を売るという意味で、「アウトプットエコノミー」と呼ばれます。アウトプットエコノミーで販売の肝となるのは広告でした。

　一方、現在の通販は、「D2C」そして「プロセスエコノミー」にシフトしています。D2C（Direct to Consumer）とは、メーカーが小売店や卸売業者などの中間業者を介さずに、消費者に直接販売するビジネスモデルのこと。プロセスエコノミーとはアウトプットエコノミーの反対で、「売ってから、つくる」という売り方のことで

す。

　プロセスエコノミーでは、顧客と一緒に商品化を進めていきます。具体的には、テストマーケティングを経て、最も小さいプロトタイプ（MVP）を作り、それを販売して、販売後に商品を完成させ、顧客に届けます。

　MVPとは、Minimum Viable Productの略で、直訳すると「最小限の実行可能な製品」です。新しい製品やサービスを市場に投入する際に、最も重要な機能や特性の最小限のセットを含むバージョンであり、不完全な点が多く存在するものの、市場への早期投入によってユーザーのフィードバックを迅速に得られるという特徴があります。

　わかりやすい例でいえば、9人組ガールズグループ「NiziU（ニジュー）」もプロセスエコノミーの一種といえます。

　NiziUは応募者1万人以上のオーディションのなかから9人が選抜され、6カ月間のトレーニングを経てデビューしました。オーディションやトレーニングの過程を動画配信サイトで配信したことで、デビュー前から人気を集め、鮮烈なデビューを果たしました。視聴者（顧客）と一緒に、商品ができていく過程を楽しむという意味で、NiziUのプロジェクトはプロセスエコノミーの典型です。

　本書では、クラウドファンディングでまず顧客を集め、顧客の声を聞きながらチューニングして完成品をつくり上げるというプロセスエコノミーの手法を紹介します。**プロセスエコノミーによって、商品開発の過程からファンづくりを進めることで、詐欺的な定期購入手法に頼らずとも商品をリピート購入してもらえるようになります。**

ハインリッヒの法則を当てはめる

「ハインリッヒの法則」というものを聞いたことがあるでしょうか。1件の重大事故の背後には、29件の軽微な事故と、300件の怪我に至らない事故が隠されているという労働災害の法則です。「1:29:300の法則」とも言われます。

この法則は労働災害だけでなく他の分野にも当てはまります。

例えばクレームの発生にも同様のことが言えます。

1件の致命的な失敗の裏には、29件のクレームがあり、さらにその裏には300件の軽度なクレーム（またはクレームに至らないミス）があるということです。ハインリッヒの法則は、重大な失敗が1つだけだからOKとするのではなく、その背後にある300の潜在的失敗を見逃してはならないという戒めです。

マーケティングでも同じ法則が当てはまります。300人のファンコミュニティがいれば、そのなかの29人は商品を買ってくれます。さらに1人は、伝道師となって商品・サービスを周りの人に紹介してくれます。逆に言えば、**1人の大ファンを作るためには、300人くらいのファンコミュニティをつくる必要があるということです。**

これから通販ビジネスに取り組むなら、300人のコミュニティをつくることを目指してください。300人のコミュニティを構築すれば、そのうち29人が実際の商品・サービスを買ってくれます。さらにそのなかの1人は、重要なファンになってくれて、商品・サービスのことを他の人に宣伝してくれます。

次ページのビジネスデザインの段階で最初にファンをつくることが、これからの通販ビジネスの肝となります。

ビジネスデザインからトランスファーへの流れ

ビジネスデザイン	ローンチ
コンセプト設計	売れる通販指数
PNP設計	ドライテスト
ビジネスフロー&ファネル	MVP (Minimum Viable Product)
事業計画	テストマーケティグ

オペレーション&成長	トランスファー
LP制作	広告運用
SNS立ち上げ	PR運用
LP運用	バズ仕掛け
SNS運用	メディア露出

03 ミニマム通販の基本ステップ

6つのステップで考えよう

ミニマム通販をどのように実践していくか、順を追って説明していきます。ミニマム通販の基本的なステップは以下の通りです。

【ミニマム通販の基本ステップ】
ステップ❶　STP分析を行う
ステップ❷　UVPをつくる
ステップ❸　ドライテストを実施する
ステップ❹　テストマーケティングを実施する
ステップ❺　ファン度テストを実施する
ステップ❻　リリースする

ここでは各ステップの大まかな内容を説明します。

●ステップ❶　STP分析を行う

STPとは、マーケティングにおける重要な3要素である、セグメンテーション（S）、ターゲティング（T）、ポジショニング（P）のことを指します。STP分析することで、自社の差別化を図ります。

STP分析を活用して市場を異なるセグメントに分け、最も魅力的なセグメントをターゲットとして選定します。その後、選定したターゲットに対して、商品やサービスの独自の位置づけ（ポジショニング）を明

確にします。このプロセスを経て、どの消費者層にどのようなメッセージでアプローチすればいいのか、その方向性が決まります。

●ステップ❷　UVPをつくる

　商品やサービスが持つ独自の強みを意味するマーケティング用語に、USP（Unique Selling Proposition）があります。これは重要な概念ですが、自社視点（自社から見た強み）という意味合いが強い用語です。なぜなら、日本では「独自の売り」と訳され、自社視点の特徴をUSPとして勘違いをされているケースが多いからです。

　そこで、顧客視点に立って考えた自社の価値を意味する用語として、私はあえて「UVP（Unique Value Proposition：独自価値の提案）」という言葉を使っています。意味合いとしてはUVPもUSPもほぼ同じととらえていただいて構いません。

●ステップ❸　ドライテストを実施する

　実際の商品を市場に投入する前に、市場の反応や需要を把握するためのテストを実施します。これを「ドライテスト」（商品が未完成の状態で行うテストセールス）といいます。

　例としては、友人・知人など身近な人や自身のSNSフォロワーにアイデアやコンセプトを共有し、意見や感想を収集することもドライテストの一環です。この段階でのフィードバックは、進行方向の確認や調整に非常に役立ちます。

　社外・アイデア企画室株式会社の代表の佐々妙美さんは、これを「呟き投稿」と呼んでいます。「呟く」とは、「独り言を小さな声で言うこと」を意味する言葉です。「囁く」と類義語であり、周囲に聞かせるつもりはない話を小さな声で話す様子を表します。

　最近では、SNS上で何かを発信することを「つぶやく」とも言います。自分が今思っていることを伝える、話す、といった場合が多いの

で、簡単にフィードバックがもらえるという特徴があります。

●ステップ❹　テストマーケティングを実施する

　クラウドファンディングなどインターネットサービスを使って、本販売の前のマーケティングを行います。ステップ❸でもテストを行っていますが、ステップ❹のテストは位置づけが異なります。ステップ❹のテストは、セグメントとターゲットを合わせたSNSの広告をテストして検証するフェーズです。

　ここでは商品やサービスのプロトタイプのコンセプトを限定的に公開し、一般の消費者からのフィードバックを収集します。具体的にはクラウドファンディングを活用し、実際に消費者が商品に関心を持ち、購入意向があるかどうかを検証します。

●ステップ❺　ファン度テストを実施する

　テストマーケティング段階で提供した消費者から、商品の魅力やブランドへの愛着度を測定します。クラウドファンディングの開始日から3日間で目標を達成し、ファンを増やすことを目指します。

　クラウドファンディングの運営期間を明確にし、ページを通じて長期的な顧客ロイヤルティを築くヒントや改善点を探求します。

　ファン度を上げるには「いいね」数やRT数、フォロワー数が注目されがちですが、それ以上に、①良い所を伸ばす、②情緒価値（人や風土）と未来価値（ミッションやパーパス）を上げる、③支持基盤を固める、といったことも重要になります。

●ステップ❻　リリースする

　これまでのステップで収集したフィードバックやデータをもとに、商品やサービスの最終的な調整を行います。その後、市場に全面的にリリースします。リリース時には、STP分析で定めたポジショニングと

UVPを強調し、ターゲットとなる消費者に効果的にアプローチすることが必要です。この際、プレスリリースなどを有効活用します。

STP分析で定めたポジショニングとUVPを強調した事例に『ライフネット生命』があります。ライフネット生命の場合、S（セグメンテーション）は「若者層の子育て世代、T（ターゲティング）は「将来的に家族を持ちたい意向はあるけど高額な保険料を掛けたくない人」、P（ポジショニング）は「やすい・わかりやすい・簡単に」です。

その上で、WEB広告を使って、WEB上で徹底して簡単なシンプル設計で安い商品を提供することが独自の売りになります。他にもたくさんありますのでぜひ探して見つけてみましょう。あなたの実践の第一歩です。

Chapter2以降ではこの6ステップに沿って「ミニマム通販」の実践方法を紹介していきます。

2

まずは
STP分析、そして
自社の強みを定める

ミニマム通販の最初のステップはSTP分析を行うことです。STP
分析をすることで、ユーザーのニーズを把握し、支持される商品を効
果的に展開できます。またSTP分析の次には、自社の強みである
UVPを明確にします。このChapter2ではSTP分析とUVP作成に
ついて解説します。

01 ステップ❶ STP分析を行う

STP分析の本質

このChapter 2からは、下記のステップを1つずつ解説していきます。

【ミニマム通販の基本ステップ】
ステップ❶　STP分析を行う
ステップ❷　UVPを作る
ステップ❸　ドライテストを実施する
ステップ❹　テストマーケティングを実施する
ステップ❺　ファン度テストを実施する
ステップ❻　リリースする

まずは「ステップ❶　STP分析を行う」です。
STP分析とは、

・セグメンテーション(Segmentation)
・ターゲティング(Targeting)
・ポジショニング(Positioning)

の頭文字を取った用語です。
現代の競争激化したビジネス環境において、成功するためには戦

略的なアプローチが不可欠です。顧客志向の戦略立案において非常に重要な分析手法がSTP分析です。STP分析を行うべき理由として、以下の点が挙げられます。

●市場を理解するため

　STP分析は、市場をより深く理解するための基盤となります。顧客の異なるニーズや行動パターンを把握し、市場を適切にセグメント化することで、商品やサービスの提供方法を最適化できます。これにより、無駄なマーケティング予算を削減し、成果を最大化することが可能となります。

●効果的なターゲティング

　STP分析は、より適切なターゲット市場を特定する手助けをします。ターゲット市場の正確な把握により、需要の高い顧客セグメントに集中できます。それにより、顧客の満足度が向上し、顧客ロイヤリティが高まることで、競合他社との差別化が可能となります。

●競争優位の構築

　STP分析は、競争環境において企業の強みを明確にする手段でもあります。特定のセグメントを対象にした差別化された商品やサービスを提供することで、顧客にとって独自の価値を提供できます。これにより、競合他社に対して優位性を築けるでしょう。

●リソースの効率的な活用

　STP分析は、人・モノ・カネ・情報といった経営リソースの効率的な配分を可能にします。限られたリソースの中で、より効果的なセグメントにフォーカスすることで、効率的なマーケティング戦略を立案できます。不要なリソースの浪費を防ぎ、収益性を高められます。

●変化への柔軟な適応

　市場は常に変化しています。新たなトレンドや技術革新、顧客の
ニーズの変化などに対応するためにもSTP分析は重要です。定期的
なSTP分析を通じて市場の動向を把握し、柔軟かつ迅速な対応が可
能となります。時流の変化が速い最近は、半年に1回ぐらいは定点的
に調査をしていくほうが良いです。

　以上の理由から、STP分析の本質を理解することは、経営戦略を策
定する上で欠かせない要素といえます。顧客志向のビジネス戦略を
構築し、市場競争において優位性を獲得するために、STP分析を積極
的に活用することをお勧めします。**STP分析は、通販独自のノウハウ
ではなく、あらゆるビジネスにおいて有効な分析手法**です。

　STP分析にもいろいろなやり方がありますが、ここでは以下の2つ
のステップでSTP分析を行う手法を紹介します。

> **A：顧客リストのランク分けをする**
> **B：ランク別にお悩みを抽出する**

　それぞれについて解説していきます。

A：顧客リストのランクを分ける

　すべての顧客をひとくくりに扱うのではなく、顧客リストを一定の基
準で分類し、区別します。「差別」ではなく、「区別」するということです。
その手順は以下の通りです。

●データ収集

　まず、顧客データを収集します。必要な情報は購買履歴、デモグラ

フィック情報（性別、年齢、居住地域、所得、職業、家族構成など）、オンライン行動などです。購買履歴データは、顧客の購入商品、購入金額、購入日、登録日付、回数といった購入に関する基本情報を最低でも収集してください。

●アンケートを実施

　収集したデータを元に、顧客に対してアンケートを実施します。商品を通販で販売していくにあたって、「どういう状態になったら人は口コミを広めるか」「どういう時に人はリピートするか」を知るためです。ユーザーの心理を把握する必要があるということです。

　ユーザーの心理を知るキーワードが「事前期待」と「事後評価」です。サービスの評価は、顧客が商品やサービスを利用する前に抱いている期待＝「事前期待」と、顧客がサービスを受けた後に感じる「事後評価」の差によって決まります。つまり、次のような関係です。

事前期待＜事後評価　→感動を覚える、その結果、人に話したくなるのでクチコミが発生する

事前期待＝事後評価　→満足に感じる、その結果、自身に満足感があるのでさらなるリピートになる

事前期待＞事後評価　→不満を覚える、その結果、人に話したくなるクレームが発生する

　事前期待よりも事後評価のほうが高い場合に、人はサプライズを感じ、感動します。感動すると、人はバランスを取ろうとする傾向にあります。つまり「もらいすぎたから誰かに返そう」とする。これが結果的にクチコミとなります。

　逆に事後評価が事前期待を下回ると、不満を覚えます。例えば「LP（ランディングページ）にはすごそうなことが書いてあったのに、実際

の商品は期待ほどではなかった」ということがあると、不満を感じ、場合によってクレームが発生したり、悪いクチコミを広げてしまったりします。

　事前期待と事後評価が同じ程度であれば「満足」となります。満足や感動の状態であれば、「また次も買ってみよう」とリピート購入が実現します。

　ここで確認したいのは、「自分たちの提供している商品・サービスが、顧客の事前期待に添ったもの（あるいは上回るものか）どうか」という点です。最低でも、事前期待＝事後評価の状態をつくり、顧客に満足を届ける必要があります。

　さらにはそれを超えて、事前期待＜事後評価の状態をつくり、感動してもらうことを目指すべきです。

　商品・サービスを購入している顧客がどのような事前期待・事後評価を持っているかを、顧客アンケートを通して探りましょう。

　アンケートを実施するにはいろいろな方法がありますが、例えばLINE公式アカウントを運営している場合は、LINE公式アカウントの連携ツール（プロライン、Lステップ、エルメなど）を利用すると、簡単に実行することができます。

　アンケートでは、「利用頻度」と「商品に対する好意度」を聞きます。

【利用頻度をお聞かせください】
・利用したことがない
・相談したことがある
・モニター商品を購入したことがある
・本製品を1回購入したことがある
・本製品を2回購入したことがある
・本製品を3回以上購入したことがある

【○○（商品）に対する好意度をお聞かせください】

・人に紹介するほど大好き

・大好き

・好き

・まあまあ好き

・好きでも嫌いでもない

・あまり好きではない

・実は好きではない

　好意度を聞くことで、商品・サービスについて感動しているのか、あるいは満足しているのか、不満を抱いているのかがわかります。ストレートに「不満ですか？」と質問すると、相手は遠慮して「そんなことはない」などと答えが返ってきてしまいますが、このように質問することで本音がわかります。

　アンケートを実施したら結果数値を下記のような表に入力し、集計結果をまとめます。

		利用頻度						総計
		利用したことがない	相談したことがある	モニター商品を購入したことがある	1回購入したことがある	2回購入したことがある	3回以上購入したことがある	
現在の好意	人に紹介するほど大好き							
	大好き							
	好き							
	まあまあ好き							
	好きでも嫌いでもない							
	あまり好きではない							
	実は好きではない							
	総計							

実際にまとめた例が次の表です。これは不要品の買い取り専門店で実際に行ったアンケート結果です。この表では、利用頻度の選択肢を3つに絞っていますが、いくつの選択肢を用意するかはそれぞれの商品・サービスの内容に応じて判断してください。

		利用頻度			総計
		1:査定依頼をしたことがある	2:買い取りしてもらったことがある	3:2回以上買い取りしてもらったことがある	
現在の好意	人に紹介するほど大好き	0	6	64	70
	大好き	0	2	32	34
	好き	1	37	93	131
	まあまあ好き	1	27	65	93
	好きでも嫌いでもない	3	20	32	55
	あまり好きではない	0	1	6	7
	実は好きではない	0	1	2	3
総計		5	94	294	393

　結果を見ると、393名中70名（約18%）の方が「買い取りをしてもらったことがある」「2回以上買い取りしてもらったことがある」と回答し、かつ「人に紹介するほど大好き」と答えていることがわかります。

　このようにして顧客アンケートを実施し、「購入した頻度」と「好意度」のマトリクスで顧客をランク付け（高価値、中価値、低価値など）します。ランク付けした顧客リストを元に、類似の特性やニーズを持つ顧客グループ、すなわちセグメントを作成します。

B：ランク別にお悩みを抽出する

　次に、ランク別にお悩みを抽出します。
　人がその商品を評価するポイントは、製品そのものだけではありま

せん。ブランド、考え方、販促、配送、窓口、価格、サービス、対応などを含めて消費者は見ています。

　例えばテレビCMをたくさん打っていたら、「テレビCMにお金をつぎ込むんだったら、もっと商品価格を安くしてくれ」といった意見をもらうこともあります。

　顧客から受けた問い合わせやご意見、クレームの内容を7つ（商品、販促、配送、窓口、価格、サービス、対応）のカテゴリに区分します。そして「A：顧客リストのランクを分ける」で区分したランクごとに、これらの視点でどんなお悩みを持っているのか、明らかにします。

　手法としてはカスタマーインタビュー（座談会）やアンケート、あるいは普段のフィードバックを活用します。ここで顧客の悩みや「不」（不満、不便、不都合、不安、不快感）、問題点を抽出します。ビジネスはこの「不」の解消からスタートすると言っても過言ではありません。

●座談会を開催する

　例えば、利用頻度と好意度が最も高いトップ1％の顧客のなかから、参加者を募って座談会を開催します。座談会はZoomなどのオンラインミーティングを利用します。オンラインなので何名でも開催できますが、人数が多すぎるとコミュニケーションが難しくなるため、10名前後に絞るといいでしょう。

　座談会では、参加者に対してお得な情報を提供しつつ、お悩み・不平不満や、「うちの商品を人に紹介する時はどんなふうに紹介しているのか」といったことを聞き出します。

　10名の参加者を募ったとしても、日程が合わない、面倒である、オンラインのやり方がわからない、などの理由で人数がそろわない可能性があるため工夫が必要です。

●「不満買い取りセンター」で悩みを知る

　なお、消費者の一般的な悩みを知るのに便利なサイト及びアプリに「不満買取センター」（https://fumankaitori.com/）があります。消費者が不満買取センターに無料会員登録をし、不満を投稿すると、お礼としてポイントをもらえるというサービスです。貯めたポイントは500ポイントからギフト券に交換できます。

　このサイトに登録して、他の人の投稿を眺めてみると、人がどんなときにどういう不満を持つのかがわかり、消費者の心の声を知るヒントとなります。

　他にも大型ディスカウントストアのドン・キホーテが「ダメ出しの殿堂」（https://jonetz.com/）という独自の仕組みにより、購入者の声を吸い上げて迅速に商品改善を進めやすくする態勢を整え、大きく売上に寄与したケースもあります。

●問題識別と優先順位付け

　インタビューやアンケート、不満買い取りセンターなどで顧客の悩みや「不」（不満、不便、不都合、不安、不快感）を抽出したら、その問題を重要度や緊急度でランク付けします。そして最も重要な問題に対する解決策を検討し、それを商品やサービスに反映させます。

STP分析で導き出されたデータは嘘をつかない

　セグメンテーション・ターゲティング・ポジショニングと、STP分析で導き出されたデータは嘘をつきません。どんなに自社商品・サービスが良くても、それがユーザーのニーズやウォンツ（欲求）と相違があれば、誰も購入することはないでしょう。

　自社商品・サービスが良いと、自信が生まれますし、「絶対売れる」と思うこともあるでしょう。しかしデータは嘘をつきませんし、現実的な

市場をデータは表してくれています。

STP分析をしっかり行うことで、ユーザーに支持される自社商品・サービスを有効かつ効果的に展開できます。

だからこそ慎重に正確に分析することでSTPのクオリティが向上するのです。データに基づいた客観的な視点を持つことで、角度の高いマーケティングを行い、結果的にユーザーが求める商品・サービスを展開できるようになります。

STP 分析による診断・基本方針・行動計画

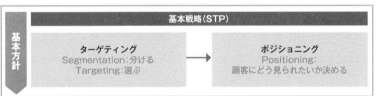

ステップ❷
UVPをつくる

本当のUSP＝UVPをつくるには？

　USPという言葉を聞いたことがある人は多いでしょう。Unique Selling Propositionの頭文字を取った言葉で、「商品やサービスが持っている独自の強み」を意味するマーケティング用語です。商品やサービスを売るにはUSPを明確にする必要があります。

　USPは「独自の強み」と翻訳された経緯もあり、これが正確な理解への誤解を生じさせています。顧客を無視した状態で自社が勝手に強みだと思っていることを、USPとしてしまっているケースが多いのです。

　本来は、「顧客から見た、自社が持つ独自の強み」が大切なはずです。よって、私はあえてSellingをValueに置き換えて、UVP（Unique Value Proposition：独自価値の提案）という言葉を使っています。UVPはその名の通り、顧客に対して自社独自の価値を提案すること、あるいは独自の価値そのもののことを指します。

　ミニマム通販では、自社の独自の強みであるUVPを明確にする必要があります。そうでなければ、信頼性などに優れる大手通販サイトとの比較で、消費者に選んでもらうことはできません。裏を返せば、小さな会社が、大手通販に勝つための武器がUVPということです。

　UVPの作成方法には次の3つがあります。

❶顧客の声から作成する方法
❷競合調査から作成する方法
❸2種類のフレームワークから作成する方法

それぞれの作成方法について説明します。

❶顧客の声から作成する方法

　顧客に対してアンケートを実施します。次の11個の要素を盛り込んで顧客の声を書き写してください。そして、その声を次ページのようにマトリクスの表に転記します。

・ターゲット(女性限定・50歳限定・○○で悩んでいる方・○○対策など)
・範囲(初回限定・顧客の声から生まれたなど)
・専門性(産後・○○部門・研究成果など)
・実績&権威性(殿堂入り、成功率、受賞歴、顧客満足度など)
・効果(得られることをベネフィットに変換する)
・価格(1回あたり・1杯あたりで比較する)
・用途&目的(朝用・夜用、二の腕専用など)
・リスク(返金保障、顧客相談、24時間対応など)
・品質(顧客から見た脳内SEOに変換する)
・オーダーメイド(オリジナル・個別対応・ギフトセットなど)
・痛み、欲求

アンケートをまとめた例

	ターゲット	範囲	専門性	実績権威性	効果	
ターゲット		ただ痛みを取るだけでなく自律神経も整えて頂いたりメンタルな部分もカバーして頂けるのが良い(30女)	産後うつで9年間苦しかったがここで薬を止められたことが決めて来院しました(30主婦自律)	ゴルフができなくなったため来ました。何度も治して頂き腰痛で苦しんでいる方には紹介しています(80経営)	側彎症で長時間座っていても痛くなったりするのがなくなり勉強や運動に集中できるようになりました(高校女)	
範囲	女の先生がいるところが良くて(40主婦)		先生の考え方が複雑で深い(20女医)	岡高から慶應ってすごいですよね(40主婦)	他と全く違う施術ですぐに効果が感じられるところがすごい(40男)	
専門性	ベビーマッサージ教室で聞きました(30女産後)	息が苦しかったり背中が痛かったりして自律神経が気になっていた(50女自律)		先生がこの前出してたDVDってプロの方用ですか?それも凄いですよね(30女)	最近良く寝れるようになった途中で起きるのもなくなりました(70主婦)	
実績権威性	自分の身体のゆがみなど教えてくれて大事なことを知ることができました(60女)	湿布とかだけでなく家でできることを教えてくれる(パート主婦)	いつも先生の本持ち歩いて読んでますけど色々書いてあるからためになります(50主婦)		病院では治療方法がないといわれましたが自然に近い状態で治っていくように思います(70女)	
効果	いつも来るととても落ち着くので助かっています(30主婦自律)	3ヵ月ほどで少しずつ楽になってって行き続けようと思います(70女)	施術して頂くと体が温かくなり痛いと感じてたところも軽くなります(30主婦)	知人から訳がわからないが1ヵ月ほどで腰の痛みがとれ、動きやすくなったと聞いて来た(70男)		
価格	施術の時間は私の癒しの時間(40主婦)	他では良くならないといわれたけど時間と回数はかかるけどちゃんとやれば良くなると言われたから(50女)	1ヵ月に1回ですが身体がリセットされるようなので私には合っているんだなと思います(40女)	他では湿布、薬、電気をかけるのくりかえしだったけど痛みのない施術と親切にしてもらえる(60主婦)	今まで行っていた整体であまり効果がなかったが、ここで腰が痛い時間を忘れることが多くなったので何度も通わなくてもよくなった(工場男)	
用途目的	子どもが野球やって怪我したりして家族にケアできる整体教室に惹かれて(40主婦)	子どもを見て頂いて安心して施術を受けられることです(30主婦)	医療では教えてくれない筋肉の運動なんかを教えてくれる(20女自律)	院長先生の経歴を見て信用できた。月に1度澄んだ童心を戻す感覚で通っている(40女)	食事も減らそうと意識していないのに体重が産後1年で8kg減量しとても驚きです(産後主婦)	
リスク	通院すると必ず調子が良くなり痛みが出ても回復がいいです。セルフケアでもかなり回復するようになりました(40主婦スポーツ)	他では体操とかはあまり教えてくれないし、やるのが大変	痛い所だけじゃなくてその原因となるところを自然に直してくれるのかな(20女自律)	「自分で治す(生活習慣改善)」「治療」が共感できます(70男)	家で痛みが出てきてもセルフケアや体操で和らぐのが驚き(パート主婦)	
品質	初めて施術をしていただいたときにすごく身体が楽になり体調がよくなりました(30主婦)	器具を使わないのに楽になるのが不思議です(60女)	施術が理論的で分かりやすい(40教師)	チラシに先生がラグビーやってたって書いてあってラグビーやってる人に悪い人はいないってTVでやってたから(70女)	施術前にあった張りが施術後になくなったり、10年以上続いていた肩こりがなくなったのも不思議な感じ(50主婦)	
オーダーメイド	痛みというものに自分が向き合うことができた(60女)	家に帰ってコレやりなさいって教えてくれる(60女)	めまいも吐き気も薬を使わず自然治癒と人とのコミュニケーションなど続けていることで改善されてきた(50主婦)	施術の中でなぜ、体の体操をしないといけないのかが感じられるから体操をやろうと思う(40主婦)	言われたことをやると結果が出る(60女)	
痛み欲求	近隣のマッサージ店巡りをしていたけど満足できなかった(40主婦)	マッサージとかは痛い所しかやってくれない(50女自律)	店の窓に「四十肩」と書いてあったのでとりあえず行ってみようと思った(40主婦)	施術時間が短いため通いやすいし、腰痛や肩こりがよくなってきているので(産後主婦)	施術前にあった張りが施術後になくなったり、10年以上続いていた肩こりがなくなったのも不思議な感じ(50主婦)	

価格	用途目的	リスク	品質	オーダーメイド	痛み欲求
料金が主婦には高いので迷っていたが初回診断料が無料になるので予約した(30主婦)	妊娠してからの痛みやマイナートラブルにも対処してもらってありがたい(30主婦)	生活で気を付けることや体操も簡単(30女性産前産後)	筋肉が緊張してガチガチになってしまうのではぐして頂いてホッとしています(40主婦)	自分の身体の悪いところを教えてくれる(工場男)	うつで自分では悪い方に行きがちな体を通院する度にまともな方へ行けるようになってきました(30主婦自律)
仕事場から近い事と、ネットを見たということと初検料が無料になったからきました(30女)	筋トレしたわけでも道具使ったわけでもないのに痛みがなくなってますね(40女)	痛みのない施術で先生が女性だったこともあり、通うのを決めました(40主婦)	一か月に一回くらいで通院してますが毎回気になることを相談するとすぐに対応を教えてもらえて終わった時は楽にします(40工場)	自分の体が色々おかしいということをここに来て教えてもらうまでは当たり前だと思って知らなかったのが教えてもらえたから(30主婦)	最初の1~2ヵ月はあまり実感はなかったが少しずつ変わっていくのが感じられた(30男)
接骨院では(四十肩)年だからしょうがないと言われたからやめた(50女)	メンタルのアドバイスも聞けてありがたいです(30主婦)	痛くない施術(40主婦)	自分の仕事に役立つのでとてもいいです(30声楽)	こうだからこう動くと痛くないがこうだからこうして下さいとか教えてくれる(50男)	痛いのやめまいふらつきも一見全く関連性のない部位をゆらゆらしたりさすったりするだけで改善することに毎回驚きです(50主婦)
アキレス腱を切って腰痛になって多くの病院を受診したが全く良くならず施術を受ける度に改善するのが目に見えて分かるから(50男)	ココを抑えると動きにくいとかこうすると痛くないとかその場で実証できるのがすごい(30主婦パート)	やった後にも痛みがない(40主婦)	一時期はもう歩くことができないかと悲観していましたがずいぶんと楽になり感謝しくいます(70女)	アドバイスを実行しやすい(30男自律)	HPにたくさんの人の体験談があって私もこんな風になりたいと思った(40主婦)
値段が高かったのですぐに来院しなかったが他のマッサージより効果が高かったので体験したいと思った(40主婦)	日常の気づかない大切なことを教えてくれる他の整体のように施術したら終わりではない(40主婦)	その場ですぐ変化が分かり楽になった。(20女ネイル)	通院するまでは短い周期でぎっくり腰でしたが通院後はなっていません(40男)	自分の身体に力が入っていると言われ体操させてくれたのが新鮮だった(工場男)	もう痛みはなくなったけど月に一回身体のメンテナンスをしてもらうと身体がなんだか魔法のように痛みが消える。不思議…。(30主婦)
	2~3回通うと20年も悩んでいた肩こりが軽くなり、痛みや不調も自分でケアしながら軽くしていけたので施術して良かったと思った(30主婦)	再発しないように自分でケアする方法を教えてくれる(30パート主婦)	グッズの販売もグイグイ来ないし好感が持てた(30パート主婦)	施術料5,000円が高くてやめたくなる時もあるのですが痛み辛さが確実に消えて行くのでやめられません(40主婦)	カイロと接骨院に行ったけど変化なかった(40主婦パート)
他の整体は痛い時に行くと余計動けなくなる気がする(工場男)		その場限りではなさそうだったから通院したいと思います(50男性)	産後で平日昼間に通いたかったのと託児をしてもらえる(産後主婦)	自分でケアできる(工場でも)(工場男)	腰が痛すぎて1回で治ってきたので続けてます。今は1ヵ月に一回で身体が楽になってます(30男)
他では自分でやる体操とかも器具を使わなきゃいけないとか買わないといけないとか大変(40主婦)	余計な世間話とかかされないのが良い(50女主婦)		新たな不調が出てきても先生が真剣に対処してくださるので安心です(30主婦)	来ないともっとひどくなってまうので2ヵ月に1回来ています(50経営)	肩がだんだん上がらなくなってきてこのままでは動かなくなるのではないかという不安があった(40主婦)
足つぼとかもみほぐしは揉み返しがきつくて行けない(40主婦)	主婦は忙しいので(施術)1時間とかは大変。20分という短い時間が良い(50主婦)	信じられないほど優しく丁寧に施術して頂き目からウロコという驚きでいっぱいです(60女)		くじけそうなときに手紙が届いたんですよね(50主婦)	施術時間が短いのと痛くされる感じはなかったし、すぐに良くならないと言われて、そうだよねと思ったからです(50女)
迷ったけど改善していくまでの説明に納得したから(40主婦)	会社でもできる体操を教えてくれるのが助かります(工場男)	以前通っていたところは力で矯正するような感じで痛かった(40主婦)	その場で効果や変化を体感できるのが大きい(40女)		体操をやると痛みが減って助かる(工場男)
凄く良さそうだとは思ったけど続けていくと料金が…と思い最初行けなかった(40スポーツ主婦)	ダイエットできると思ってそれにも食いついた(40主婦)	様子に合わせてアドバイスをくれるので身体のメンテナンスとして定期的に通いたい(保育士40女)	施術の仕方がバキバキしないでユサユサするだけで治る(パート主婦)	体操や生活で気を付けることを教えてくれ、やると実効果があるから乗り越えられる(50女)	

❷競合調査から作成する方法

　15の付加価値（新規性・歴史性・機能性・限定性・気づき・評価・人気・感動・実績・不安・解決・期待・比較・疑問・価格）に対して）競合調査を実施したうえで、自社の立ち位置を決定する方法です。

　新規性には技術（つくり方・やり方）、機能性には素材（材質・内容）などが当てはまります。

　人気には人（つくった・やる人）、解決には所持（道具・仲間）やルート（仕入れ）、気づきには使い道、感動には対応（フォロー）、期待には特典などを当てはめてキーワードを抽出していきます。

　マーケティング的に言うと、ポジショニング（他社がアピールしていない市場での立ち位置）分析です。具体的には、右記のような表を用意し、まず競合相手を調査して各項目を埋めて、次に自社の項目を埋めます。

　「価値を言語化するにあたり、15の付加価値に分解すると良いですよ」とコンサル支援サービスではお伝えしています。また、その具体的方法を教えて欲しいという問い合わせもあるので、本書でも事例をまじえて手順をお示しします（競合調査に使用できます）。

　まずは、競合の販売サイト、特にLP（ランディングページ）を分解することから始めてください。なぜなら、集客できる商品がフロントエンド商品だからです。よって集客できない商品は、ビジネスモデル的にはフロントエンド商品とは呼びません。ここでは競合調査の一例としてベースフード株式会社のベースフード（食のD2Cブランド）を例に挙げます。

「ベースフード」の 15 の付加価値

新規	完全栄養パン
歴史	グロース市場への新規上場が承認された
機能性	33種類の栄養素がオールインワン （26種のビタミン＆ミネラル、約30gのたんぱく質、約6gの食物繊維など）
価格	初回20%オフで解約条件がない
限定感	パン8袋＆クッキー10袋セット
気づき	1日のうち1食を置き換える
評価	食を置き換えるだけで抜群の栄養バランス
人気	フォロワー4.7万人
感動	ベースフードライフ
実績	AmazonのTV CMで、BASE FOODが取り上げられました。
不安	パンは太るというイメージがある
解決	糖質控えめなのに理想の栄養バランス
期待感	栄養のインフラ
比較	健康的なダイエットにぴったりなパン
疑問	ダイエットの悩みは栄養のバランスにあるのか？

　これらの項目を 15 個準備しているので、「15 の付加価値」と呼んでいます。上記のように Excel の表などで管理するとわかりやすいでしょう。そして、LP を見ながら、該当するなと思ったところに分解していきます。明確な基準がなくても、最初はあなたが感じる基準と用語がマッチして入る部分に落とし込んでみてください。

●ステップ1
・競合調査から 15 の要素に分解する
・競合調査は直接競合・間接競合の両方ともに調べる
ビジネスモデルが同じものも含まれるので、ピンポイントの製品やサービスに囚われてはいけません。
●ステップ2
・プロダクト 5 層モデルをベースに 15 の要素に分解する
単純に転記するために分解するつもりで作業するほうが、うまくいきます。

注意点としては、転記の段階では実現可能か否かは精査しないこと。可能性は残すけれども、自社のリソースになければいけないというわけではありません。

●ステップ3

・自社と他社の 15 の付加価値を 1 枚にまとめて自社が勝てる軸を決定する

結果、ポジショニング（XY軸）にする、つまり 15 の付加価値の 2 つを残すようなイメージになります。

「競合調査には何個ぐらい見ればよいですか？」という質問もよく頂きますが、直接競合・間接競合・オフライン・オンラインで、最低でも 4 つ以上あると良いかと思います。

❸ 2 種類のフレームワークから作成する方法

UVP は言語化することで武器になります。次の構文に当てはめて、自社の UVP をつくってみましょう。

・○○にとって（ターゲット）
・△△になるための（ベネフィット）
・××サービス（提供できる価値）

上記の構文の○・△・× に該当する言葉を考えます。例えば、以下のようなかたちになります。育毛シャンプー・薬用スカルプシャンプーの「スカルプD」ならば、

・薄毛で悩んでいる男性にとって
・外見に対する満足度が高まり自尊心が改善されるための
・男が上がりモテ度をお手伝いするサービス

15 の付加価値マトリックス

	グリーンスプーン	ライザップ	ナッシュ
新規性	「野菜を摂るのが大変でつまらない体験を、『簡単でたのしい』」に	無料診断で高性能体組成計で体の状態を詳しくチェックしてくれる	朝食のメニューも揃う
歴史性	ローンチ1年で2万人突破50万個の業界最速スピードで成長	10周年	2018年のサービス開始から3年8か月で累計販売食数が2000万食を突破
機能性	ひとりひとりに最適なメニューの提案 野菜を簡単に、楽しく摂れるサブスク	あなた専用のダイエット設計をプロの目線でアドバイス	すべてのメニューを糖質30g以下・塩分2.5gに設定・容器のまま食べられて便利 サスティナブルな容器に変更
限定性	たくさんの野菜やフルーツを、飽きずにいつでも手軽に食べられる	最適で無理がないプランの提案	低糖質に特化している
気づき	素人では思いつかない組み合わせによる味わい	食事提案で身体が変わる	自宅では作らない手の込んだ味付けで満足
評価	新宿伊勢丹ポップアップショップの開催、サブスク大賞2020グランプリ受賞	プライベートジムランキングで4冠達成	プライベートジムランキングで4冠達成
人気	朝はスムージー、遅く帰った夜はスープやホットサラダでヘルシーに。ライフスタイルに合わせて利用	オーダーメイドプログラム	新メニューが週3商品追加
感動	クリエイティブ、パッケージがおしゃれ、映える	3か月で結果にコミット、人生が変わる	自分で作らなくてもヘルシーな食事が食べられる
実績	累計販売数が100万食を突破	会員18万人突破	月ごとの新規顧客獲得数は毎月約8000人以上 会員約17万人 「取次販売店」にはフィットネスクラブ420社
不安	本当に自分に合った食事か	30日間全額返金保証	安心安全な食材か 飽きないか
解決	診断の結果豊富な種類、スムージー、サラダ、スープから選べる	1日3食、2ヶ月なら180回分の食事指導	管理栄養士が監修しており、ダイエットやトレーニング期間中の食事管理のサポート食
期待	知らない野菜が体験できる	専用アプリで管理も最小限	テレビCM・パン、スイーツも食べられる、低糖質チョコクロ
比較	自分で野菜を買ってたべるよりらく、おいしい	人が変われることの証明	Webだけでなくアプリからも注文できる
疑問	食べたことのない野菜の味への不安→単発でも買える	本当に3か月で変われるのか	本当においしいのか、ヘルシーでダイエット食になるのか
価格	初回特典なし サブスクリプション特典あり	50%特別優待で還元 追加セッションプレゼント 分割手数料	初回限定2000円OFF 定期継続割引プログラムあり

となります。

　上記の UVP は、次のようなスカルプ D の情報を基に作成されています。

　薄毛に悩む男性にとって、感情面でのベネフィットは自信の回復に大きく関わります。髪の毛が薄いことによるコンプレックスを感じる方々は、解消策や治療を通じて次のような感情的な利益を得ることが期待できます。

●自尊心の向上：髪の量が増えると、自分の外見に対する満足度が高まり、それに伴い自尊心が改善されることがあります。
●社会的な快適さ：薄毛を気にすることなく人と会話を楽しめるようになると、社交場での快適さが増します。
●ストレスの軽減：薄毛に関する不安が減少すると、日常生活のストレスレベルが下がると報告されています。
●ポジティブな気分：外見が改善することで、よりポジティブな気分になることが多いです。
●若々しい感覚：薄毛が改善すると、見た目が若返り、それによって若々しいと感じられます。

　これらのベネフィットは、薄毛治療を始める動機となり、実際に効果を実感すると、日々の生活における幅広い活動への積極的な影響を与える可能性があります。

　あなたの会社・商品の UVP 構文を完成させてみてください。UVP 構文は日本語として多少おかしくても構いません。これを

キャッチコピーのようにそのまま使うわけではないからです。

1オーダーあたりの単価を上げるには

1オーダーあたりの単価を上げるには、自社が扱っている製品のジャンルからチャンクを上げることが大きなポイントになります。

「チャンク（Chunk）」は塊という意味で、ビジネスの場面では一般的に「抽象度」を指します。そして、「チャンクを上げる（＝抽象度を上げる）」「チャンクを下げる（＝具体化する）」といった使い方をします。

例えば、ラーメンのチャンクを上げると麺類になります。反対に、ラーメンのチャンクを下げたものには塩ラーメンやみそラーメンなどがあります。

物事のチャンクを上げ下げすることは、情報を適切なレベルで整理することにつながり、問題の解決や戦略の立案に役立ちます。

例えば、チャンクを上げると、大まかな全体像やパターンが見えやすくなります。一度に多くの情報を取り扱うことなく、大まかな共通的の要点を把握できます。逆に、チャンクを下げると、詳細な情報に焦点を当てられます。これにより、情報の深層理解が可能となり、問題の要因や潜在的な課題を洗い出すのに役立ちます。

要するに、チャンクを上げると大局的な視点が、チャンクを下げると詳細な視点が強調され、さまざまなビジネス上の課題やタスクに対処するのに役立ちます。適切なタイミングでこれらの思考を使い分けることで、より効果的な意思決定と問題解決が可能となります。

あなたの扱う商品・サービスは、チャンクを上げるとどういうジャンルに属しているのか、あるいはチャンクを下げるとどういう商品ラインナップに分かれるのか、そのようなことを考えてみるのもいいでしょう。

　これができると、消費者の声のなかから、「現状の課題はどこにあり、どうやれば解決できるか」がわかるようになります。

●チャンクを上げ下げし、併売商品・サービスを探す

　例えば、マットレスを扱っている通販を運営しているとします。マットレスを売るだけでもいいのですが、さらに単価を上げるにはどうすればいいか。ここでチャンクを上げて考えます。

　ターゲットである顧客にヒアリングするなかで「不眠」という悩みが引き出せたとします。そうすると、マットレスは「不眠の悩みを解決する」ための具体的なツールのひとつであることに気づきます。

　次に「不眠の悩みを解決する」ための他の方法はないか、チャンクを下げて考えてみます。すると、「食事の工夫」「軽い運動」「ぬるめの入浴」「眠る環境づくり」「睡眠改善薬」などの解決策が思いつきます。

　さらにもう一段階チャンクを下げると、「眠る環境づくり」のなかに「寝室を暗くする」「寝室の温度は26℃程度にする」「アプリで睡眠データを取る」「睡眠の質を上げるサプリメント」「快適な起床を助ける光目覚まし」などの案が出てきます。

　商品だけでなく無形サービスを提供するアイデアもあるでしょう。例えば、マットレスのクリーニング、保管、リフォームなども「不眠の悩みを解決する」ための施策のひとつといえます。

このように**自分の販売している商品が「誰のどういう問題を解決するのか」を考えると、横展開の発想が生まれます。**メインの商品以外の関連商品・サービスを併売することによって、1オーダー当たりの単価を上げることにつながります。

具体的に併売を促すには、以下のような方法が効果的です。

- ・関連商品としてリンクを張る
- ・カートに入れた際におすすめ商品として表示する
- ・セット商品として販売する
- ・併売を促すクーポンを発行する
- ・併売を促す無料サンプルをプレゼントする
- ・LINE やメールで紹介する

03 カスタマージャーニーマップをつくる

なぜ、カスタマージャーニーマップが必要なのか?

　「カスタマージャーニーマップ」とは、購買行動の流れの中で、「顧客に対してどのようなタイミングでどのような価値を提供するか」を顧客の感情面をベースにマッピングした図です。これを元に顧客体験を設計することが、顧客に対して新たな価値を創出することになります。

　単に製品だけで勝負をするのではなく、その周辺のサービスまでを価値に変えて製品化することで、小さなお店でも製品に関連する顧客体験を加えられます。

　インターネット通販やD2C(Direct to Consumer)ブランドが急速に普及している現代、カスタマージャーニーマップは企業が消費者の行動や感情を深く理解し、さらに成功するための重要なツールです。その必要性を解説します。

●消費者のニーズは新しい購買体験

　D2Cブランドやミニマム通販が増加しており、競争は激しくなっています。現代の消費者は多くの選択肢に囲まれ、独自の購買体験を求めています。インターネットの普及とデジタル技術の進化により、消費者が手に入れる情報量は格段に増加しており、これが多様な購入選択の原動力となっています。

　例えばアメリカの眼鏡ブランド「Warby Parker(ワービー・パーカー)」はD2Cモデルを採用することで中間業者を排除し、高品質な

がら手頃な価格の眼鏡を提供することに成功しました。店舗での体験とオンラインショッピングの両方をうまく組み合わせることで、顧客にとって新しい購入体験を生み出しました。

JINS、Zoff、OWNDAYS、zeroUVなど、カジュアルなスタイルのメガネを提供しているこれらのブランドは、Warby Parkerと同様に、直接消費者に販売するビジネスモデルを採用しています。しかしながら、独自性ではWarby Parkerが一歩先を行っています。例えばWarby Parkerは、5つのフレームを5日間無料で試着できるサービスを提供しています。

靴の通販のリッパスもそうでしたが、海外のブランドは日本では考えられない価値を提供していることがあるので参考になります。

コスメブランド「Glossier（グロッシアー）」は、SNSを中心にファンとのコミュニケーションを活発に行い、製品開発やマーケティング活動に取り入れることで、消費者の真のニーズに応える製品を市場に送り出しています。D2Cのモデルを採用することで、迅速に市場の声を取り入れ、ブランドのファンを増やしています。

他にも国内では、衣料品通販大手ZOZOの創業者で、実業家の前澤友作氏率いる「前澤ファンド」が出資している「メデリピル」があります。これはオンラインピル処方サービスであり、スマホから予約、診察、ピル処方ができます。

6か月おまとめプランなら月額2,970円で利用できます。保険が適用されない自由診療であるため、治療の一環としてピルを処方してもらっている場合、対面診療よりコストがかかる場合はあります。ただ、生理痛やPMSの緩和、肌荒れの解消や避妊などの目的でピルの処方を受ける場合は、保険が適用されない自由診療になるため、オフライ

ンの医療機関と比べて値段が高くなるわけではありません。

　これらの事例を見ると、**D2Cブランドやミニマム通販が成功する背景には、消費者の新しい購買体験へのニーズがあり、それに応える斬新なアイデアやサービスが提供されている**ことがわかります。市場に新しい価値を提供することで、消費者との強い結びつきを築き、継続的な関係を築くことが求められています。

●ブランドの課題が複雑化

　近年、消費者の購買体験の変化と市場の競争激化により、ブランドの課題が増加しています。多くのブランドや製品が市場に出てくる中で、消費者との関係を強化し、ロイヤルティを築くことは容易ではありません。また、消費者の購買プロセスは従来よりも複雑になり、多様なタッチポイントが存在します。

　「ユニクロ」は「ライフウェア」としての品質と価値を中心に、一貫した商品展開とブランディングを行っています。しかし、ファッションのトレンドの変動が速い現代において、その変動に迅速に対応することは難しくなってきています。

　「ZARA」は高頻度での新商品投入と、トレンドに即した商品展開を行っており、消費者の購買プロセスに迅速に対応することで、強いブランドロイヤルティを築いています。しかし、その反面、多様な商品の生産・流通が求められるため、サプライチェーンの管理が非常に複雑化しています。

　「タビオ株式会社」は、1968年に創業した靴下の企画・製造・卸・小売・フランチャイズの会社です。同社は、靴下屋、ショセット、Tabio、TabioMENなどの事業を展開し、大阪に本社を持っています。中期戦

略は、「足に優しい上質の靴下を適正価格でお客様に提供する」という使命を追求することで、世界最高の技術力と繊細な感性を持った国内工場を厳選し、その技術力を世界に広め、店頭から靴下製造協力工場に至る一気通貫のネットワークシステムに基づいて、即時対応力を高めています。

また、素材・商品・販売の研究を行い、世界のトップを走る靴下専業の総合企業を目指し、プレミアムブランドの確立を目指しています。同社は、

> ・メイドインジャパンにこだわったモノづくり
> ・お客様に語れる、足に優しい上質の靴下を適正価格で提供
> ・世界最高峰の技術と言われる日本の靴下製造技術を駆使し、商品企画・開発に活かしている
> ・EC、SNSとの連動力を高めたOMO戦略(オンラインとオフラインの融合)

といったことを、推進しています。

●デジタル広告のブロック

デジタル広告を敬遠する消費者が増え、広告ブロッカーの利用が増加しています。そのため従来の広告手法では、ターゲットとする消費者に適切にアプローチすることが難しくなっており、マーケティングの効果が低下しています。これにより、ブランドは消費者との関係構築やロイヤルティの獲得が一層難しくなっています。

●Amazonの一極集中

Amazonは巨大なeコマースプラットフォームとして、多くの消費者の購買プロセスの中心となっています。多くのブランドや製品が

Amazonでの販売を選択するなか、個々のブランドの差別化や消費者との直接的な関係構築が難しくなっています。Amazon内での競争も激化し、商品の価格競争やレビュー戦争など、新たな課題が増加しています。

　これらの事例を見ると、現代の市場では消費者の購買プロセスの複雑化や新たな競争要因により、ブランドが直面する問題は多岐にわたることがわかります。消費者との直接的な関係構築やブランドロイヤルティの獲得のためには、これらの問題を的確にとらえ、柔軟に対応する戦略が求められています。その鍵となるのがカスタマージャーニーマップなのです。

事例から探るカスタマージャーニーマップの必要性

　市場の変動と消費者の購買行動の変化は、日本の企業にも大きな影響を及ぼしています。これらの変化に的確に対応するためには、カスタマージャーニーマップを効果的に活用することが不可欠です。以下、日本の事例をもとに、その影響とカスタマージャーニーマップの重要性を解説します。

●シャープの業績悪化

　かつては日本の電機業界をリードしていたシャープは、スマートフォンやテレビ市場での競争力低下により業績が悪化しました。消費者のニーズや利用状況の変化に迅速に対応するためのカスタマージャーニーマップの活用が不足していたことが、その原因のひとつと言えます。

●東芝のPC事業撤退

　長い歴史を持つ東芝は、PC市場の縮小と競争の激化により、PC事業からの撤退を決定しました。消費者の利用シーンやニーズの変化を的確にとらえるカスタマージャーニーマップの考慮が不足していた可能性があります。

●セブンイレブンの24時間営業問題

　セブンイレブンは、24時間営業の方針を続けるなかで、フランチャイズオーナーからの批判を受けました。消費者のライフスタイルの変化やニーズを深く理解するカスタマージャーニーマップをもとにした戦略変更の必要性が浮き彫りになった事例です。

●デパート業界の厳しい状況

　多くのデパートが、消費者の購買行動の変化やオンラインショッピングの台頭により業績が悪化しています。消費者の購入行動を詳細にマッピングし、それに基づく商品展開やサービス提供の見直しの必要性が指摘されています。

●資生堂のグローバル戦略の転換

　資生堂は、国内市場の縮小を受けてグローバルに展開する戦略を強化しました。しかし、各国の消費者のニーズや文化を的確にとらえるためのカスタマージャーニーマップの活用が必要となっています。

　これらの事例からもわかるように、市場や消費者のニーズの変化に対して適切に対応するためには、カスタマージャーニーマップを描くことが極めて重要です。カスタマージャーニーマップをもとにした戦略策定や商品開発、サービス提供などの具体的なアクションを取ることで、企業は市場の変動や消費者の行動の変化に柔軟に対応し、成

功への道を切り開けるでしょう。

　カスタマージャーニーマップを使用することで、消費者がブランドや製品との関わりのなかで経験する全てのステージを明確に把握できます。これにより企業は、各ステージでの消費者のニーズや悩みを理解し、それに応じた最適な施策を実施できます。結果として、顧客満足度の向上や購買率の増加を期待できます。

　ミニマム通販やD2Cブランドが目指す「顧客との深い関係性の構築」を効果的に行うためには、カスタマージャーニーマップが極めて重要です。これにより、消費者の実際の経験や感情を基にした最適なマーケティング戦略を展開できるのです。

カスタマージャーニーマップの作成手順

　カスタマージャーニーマップの活用は、消費者のニーズや期待を的確に把握し、それに対応する製品やサービスを提供するための非常に有効な手法です。以下に、具体的な手順を解説します。

●手順1：対象となるカスタマーセグメントやペルソナを明確に定義する

　ニーズや期待、購買行動の特徴が明確になり、マーケティングや商品開発の方向性が具体的になります。

●手順2：消費者がブランドや商品と接触するポイントをリストアップし、それぞれの重要性や影響度を評価する

　効果的なコミュニケーションやサービス提供のポイントを特定し、リソースの最適な配分が可能になります。

●手順3：各タッチポイントでの消費者の感情や行動、障壁などを詳

細にマッピングする

　ペインポイントやチャンスを具体的に特定し、それに対応する施策の開発がスムーズに進みます。

●手順4：マッピングの結果をもとに、最も効果的と思われる施策を優先的に選択し、実行に移す

　効率的なマーケティングやサービス提供が可能となり、ROI（投資利益率）の向上が期待できます。

●手順5：実施した施策の効果を定期的に評価し、消費者からのフィードバックを収集して改善を繰り返す

　継続的な最適化が可能となり、カスタマーサティスファクションの向上やブランドロイヤルティの強化が期待できます。

　現代の消費者の購買行動やニーズの複雑化という状況のなかで、カスタマージャーニーマップの活用がブランドや企業にとって不可欠です。この方法を用いることで、消費者の心の中を深く理解し、そのニーズや期待に的確に応えることが可能となります。そして、それが結果としてビジネスの成功につながるのです。

　以下に、実際に私がつくったカスタマージャーニーマップの例を掲載しました。この例を参考に作成してみてください。

ペルソナ（対象顧客）	広島五日市店 ●●様（女性） 総来店数　総取引額　総紹介数		
顧客の目的・場面	興味関心段階	行動段階	
顧客の行動と思い	たまたま近くに買取専門店○○があった。買取専門店○○のことはCM等で知っており、ブランド品買取のイメージが強かった。	店舗は入りにくい雰囲気で入るのに勇気がいったが、ガラガラ抽選会をやっているというチラシをみて行ってみたら、意外と店内は入りやすく楽しかった！ちょうど売りたいものがあったためふらっと立ち寄った	
	利用してみて、思っていた印象と異なり色々と買い取ってもらえたので周囲に口コミを始めた。キャンペーンや企画に参加すると、マイルがどんどん貯まって嬉しい。紹介相手も貯まる、自分も断捨離できる、地球環境にも良い		
業務プロセス	店舗	買取幅	
業務品質 ミニマム	CM，チラシ等のツールで認知拡大	ブランド品以外でも買い取れる	
業務品質 プラスアルファ	エリアの新聞折込チラシ LINEのポイント制度	ブランド品以外のキャンペーンを実施	
気づき	買取専門店○○はブランド品買取のイメージが強いと思われている	他社で買い取ってもらえないものを買い取ることで、感動体験につながる	
	ブランド品ではないといって、お客様をないがしろにしていたら多数の紹介には繋がっていなかった。 1回1回の買取だけでなく、継続的に利用をしてもらいLTVを高めることが重要		

再想起段階	再来店段階	再々来店段階
初来店時にそれ以外のものも買い取り可能なことを知り、こんなものまで買い取ってくれるということに感動した	企画を応援することでマイルがどんどんと貯まってみんながハッピーになれると思ってくれている。店内のカンブリア宮殿の動画に感動し、これは応援したい！と心から思った	多くの知人を店舗に連れてきてくれる。店長は忙しいだろうと気遣っていただき、紹介した知人には、アプリのDL方法や操作方法を店舗で教えている
買取強化【通常より10%アップ】	アプリ、各種キャンペーン	クチコミ、紹介
エリアの新聞折込チラシ LINEのポイントプラスα	友達紹介やキャンペーン等で専用ポイント	鑑定士のコミュニケーション
座談会を開催したビンゴゲームを実際に運用	環境にもよいアピール	紹介多数の方へのインセンティブ
感謝のお声がけをもらう	友達紹介に専用ポイントをつけることで紹介者のモチベーションに繋がっている	お金ではなく、鑑定士を評価してもらっている

ペルソナ（対象顧客）	21年9月1日以降顧客データ：13,913件の中からクラスターD1を抽出したN1対象者（男性）		
顧客の目的・場面	UGC（ユーザー投稿コンテンツ）	Like（「いいね」や「よくないね」）	
顧客の行動と思い	ネット回線ほしいなあ、おすすめはあるかな クエリ「ネット回線　おすすめ」で検索	ネット回線（≒固定回線・光回線）の仕組みや費用感について知る 固定回線、光回線だと費用が高い…	
	固定回線、光回線だと費用が高い…… 他の WiFi ないかな、ポケット WiFi とかだとどうなんだろう クエリ「ポケット WiFi　おすすめ」で検索 本当に大丈夫なサービスなのか確認したい		
業務プロセス	LP（ランディングページ） 比較サイト オウンドメディア	LP（ランディングページ） 比較サイト オウンドメディア	
業務品質	ミニマム	価格比較と解約条件	30 日間お試しモニター	
	プラスアルファ	特典の提案 期間限定オファー	特典の提案 期間限定オファー	
気づき	得するサービスがないのかを検討する	得するサービスがないのかを検討する キャッシュバック 10,000 円もらえるのがお得	
	上記「2021 年 9 月 1 日以降顧客によるお問合せ」データに対して、回答いただいだ内容にテキスト解析を行い、出現度の高い KW+ 共起語から 30 日お試しモニター利用。 ユーザーのカスタマージャーニーに合っているかを検証することができた		

	Search1 （SNS検索）	Search2（Google/ Yahoo!検索）	Action（購買）
継続中：8,455件（60.8%）　解約済：5,458件（39.2%）　30日間お試しモニター：2,130件　2年間縛りなしオプション：1,510件　通常解約：610件			
	Twitter「# ○○ WiFi」でエゴサーチ なんか悪いクチコミ多いけど本当に大丈夫？	サービス内容を確認する（月額、解約金、お問合せ方法、キャッシュバック金額などを大まかに確認）思ったより高いんだけど、これなに？（初期事務手数料を認識していないパターン）	注文完了 オプション入らなかったけど、どうなんだろう、入ったほうがよかったのかな
	必要情報を入力してもらうサービスサイトの徹底		30日間お試しモニターで申し込んだのに、なんで購入画面になるの？間違えた？
	吹き出しの速度が早くなったり遅くなったりして見づらいなあ、オプション選択欄がわかりづらいなあ、を改善する	回線がつながらない、解約できない、勝手に料金引き落とされる、カスタマーの返信が遅い、を解決する	安いと思ったけど月額以外のお金がかかるならいらない、カゴ落ち、CVしても高確率でキャンセル、を解消する
	30日間お試しモニターなのにクレジットカード情報入力するの？を解消する（説明する）	利用規約と重要事項説明書、個人情報保護方針にチェックを入れる	すごく事務的、本当に良いサービスなの？　に個別で対応する
	「クレジットカードと口座振替」どっちがいいの？支払い方法以外に違いがある？などの不安が表示されるようにする（FAQ）	オプション入らなかったけど、どうなんだろう、入ったほうがよかったのかな	得するサービスがないのかを検討する顧客に対応する

ペルソナ（対象顧客）	優良顧客の中で座談会に参加してくれた共働きの○○	
顧客の目的・場面	UGC（ユーザー投稿コンテンツ）	Like（「いいね」や「よくないね」）
顧客の行動と思い	自宅に届く食事サービスをWebで探す Webの広告を見て公式SNSを探す	「冷蔵」「宅配食」の検索キーワードで比較サイトを調べる 口コミやSNSで添加物の基準や原材料について調べてみる
	比較サイト・LP・公式サイト YouTube から良い意見や感想、悪い意見や感想を収集することで、通販してもよいかを確認する	
業務プロセス	LPや広告をLTVから逆引きできるように数値を共有する	優良顧客と離脱顧客（休眠顧客）両方ともヒアリングを実施する
業務品質　ミニマム	CPA<LTV LTVのトップ1%の顧客の離脱者には個別電話で対応する	SNSで「おいしくない」のクチコミが上位で表示されている
業務品質　プラスアルファ	なぜ、定期購入を中止したのかもヒアリングしている	ステマ規制に抵触しないように事前期待を超えるように意識する
気づき	担当者や生産者の顔が見えると安心感がある旨がわかる	○○様宛と私信型のメールやLINEバックがくるように、しっかりとこちら側も情報提供する
	お金以上に料理の献立や添加物などを排除しようとすると、時間的コストがかかっているのに料理に使う時間をタイパと考えていないように感じる。 よって、時間コストも削減できることをあえてしっかり謳うようにしている	

（子供が小学2年生のお母さん。添加物についてはなるべく食卓から排除したいと思っているけど、タイパが気になる）		
Search1(SNS検索)	Search2(Google/Yahoo!検索)	Action（購買）
子供が生まれたタイミングで健康的な食事をとりたいと思っている 宅食は使ってみたいけど、添加物が気になる	自炊じゃなくても無添加の食事が家に届くのが楽しみ 来週は食事をつくらなくていいと思うと気が楽になる	食事づくりでイライラせず子供と和やかな時間を過ごせた 子供との時間が増えて嬉しい 思ったより早く届くのが嬉しい
優良顧客の特別感を出すようなイベントやサービスを展開する	自社の同梱物の強化 キャンペーンの乱立を避ける	FAQ に対するコールセンターのマニュアル化
無添加でこんなにおいしいんだ！だけど子供があまり食べてくれないメニューが残念	ごはんをつくる時間がないから、子供と一緒に過ごす時間が持てた	次に届くメニューが気になる メニュー交換できないのか、破棄するのはイヤだな 毎回同じチラシが届くのかな!?
申し込もうと思った時に、希望のお届け曜日が埋まっていると機会損失になる	専用の段ボール（環境にも優しい）が届くから専用段ボールにしたい	クチコミや共有用のハッシュタグを作成する必要がある
最低でも２週先の注文は必ずとれるようにしておきたい	ご利用のお礼手紙をブランド別に変更する コンセプトブックに記載しているが、自社の他とのサービスの違いを説明する	毎週受け取る前提のサービスなのに、毎週同じ同封物が届くのが課題を改修する

3

ドライテストを
実施する

このChapter3では、ミニマム通販の基本6ステップのうち、「ステップ❸ドライテストを実施する」について解説します。「つくってから売る」ではなく、「売ってからつくる」がミニマム通販の基本。自分の考えたコンセプトと需要がズレていないのかを確認するのがドライテストの役割です。

01 ステップ❸ ドライテストを実施する

ドライテストのベースはPMF

　ドライテストとは、商品の完成前（企画段階）に予約販売という形で商品を販売することです。

　注文が多数あり売れる見込みがあれば実際につくる、もし注文がなく売れる見込みがないのであればつくらない、という決定をこの段階で行うわけです。

　商品をつくる前に、その商品は本当に売れるのか否かを確認する、主に通販ビジネスにおいて事前のリスクヘッジ策として用いられる手法であり、集客方法や販売戦略に重きを置く方法です。

　しかし、予約を受け付けて販売しないとなるとコンプライアンス上においても問題があるので、現在の運用としては、最低分のテストのMVP（Minimum Viable Product）として販売予約をします。

　本章ではミニマム通販の基本6ステップのうち、「ステップ❸ドライテストを実施する」について解説します。

【ミニマム通販の基本ステップ】
ステップ❶　STP分析を行う
ステップ❷　UVPをつくる
ステップ❸　ドライテストを実施する
ステップ❹　テストマーケティングを実施する

ステップ❺　ファン度テストを実施する

ステップ❻　リリースする

「つくってから、売る」ではなく、「売ってから、つくる」がミニマム通販の基本。自分の考えたコンセプトと需要がズレていないかどうかを確認するのがドライテストの役割です。このベースになっているのが、PMF（プロダクトマーケットフィット）です。

PMFとは、提供しているサービスや商品が、顧客の課題を解決できる適切な市場で受け入れられている状態のことを指します。ソフトウェア開発者のマーク・アンドリーセンが広めた概念と言われ、ベンチャー企業や新規事業を始める際によく聞く言葉です。

昨今世界では趣味や考え方、ライフスタイルが多様化しており、それに伴い提供されているサービスや商品も増えています。そんななか、PMFに到達していない状態、つまり適切な市場にサービスや商品を提供できていなかったり、そのサービスや商品を受け入れる市場（ニーズ）がない状態だったりすると、どんなに規模を拡大しても事業は失敗につながってしまいます。

つまり「市場（ニーズ）」と「それに合ったサービスや商品」が重要であるということです。それでは、PMFの状態にもっていくにはどうしたら良いのか、どのような検証方法があるのかについて深堀りしていきます。

まずはPSFを目指す

PMFの状態にもっていくためには、その前の段階にあるPSF（プロブレムソリューションフィット）について理解しておく必要があります。**PSFとは、解決するべき問題や課題の発見とそれを解決するため**

の最適な方法を導き、用意することです。「Problem Solution Fit」
の頭文字を取った言葉であり、「顧客が抱えている問題・課題を解決
する製品（商品・サービスなど）を提供している状態」を意味します。
PMFを目指すためには、まずは下記の4つを実施して、PSFの状態に
なりましょう。

- ●解決するべき問題や課題の発見
- ●解決策の模索
- ●協力者の確保
- ●ユーザーの購買意欲を確認

それぞれのステップを詳しく見ていきましょう。

●解決するべき問題や課題の発見

まずは、市場（ニーズ）のある解決するべき問題や課題を発見しま
す。

自身や企業内のみで問題・課題だと思い込んでいる状態ではなく、
解決を望んでいる人が実際に存在することが大切です。時にはアン
ケートなどを使用して、市場のリアルな声を把握すると良いでしょう。

例として、通販会社やD2Cブランドにおいては、ある時期を超える
と、休眠対策を行うことがあるかと思います。お客様からすると1年以
上購入していない状況だったとしても、決して自分が「休眠顧客」だと
認識もしていませんし、そんな呼ばれ方もして欲しくないというのが
心情ですが、実際にお客様に送付メールのタイトルに「休眠顧客の
〇〇様へ特別なご案内をさせて頂きます」といった件名でキャンペー
ンをされていたケースがあります。このような呼び方は、社内で普通に
しているとふとした所で出てしまいます。日々の呼び方にも、しっかり
マニュアルや教育は必要になります。

●解決策の模索

　次に発見した問題や課題に対して、解決策を模索します。解決策としては、問題や課題を本当にクリアできるのか、また、顧客に理解を得られる方法であるのか、という部分を重視しましょう。

　「あったら嬉しい」というレベルではなく、「それは必要である」というレベル感の解決策を発見できることが理想となります。こちらもアンケートやヒアリングを通して、顧客の理解を検証することが有効です。

　また、自身や企業が持っているスキルやノウハウがこれまでの経験で実現できるのかという部分も、ここで確認しておきましょう。

●協力者の確保

　課題と解決策を定めたら、それをサービス・商品にしていくための協力者を確保しましょう。

　協力者を確保するには、その解決策にどのくらいの人が賛同したいと考えているかということの把握、また開発まで協力してくれる人を探す必要があります。

　協力者の確保ができたら、必ず連絡先を交換するようにしましょう。だからこそ、個人でつながっているSNSのつながりが大切なのです。

●ユーザーの購買意欲を確認

　ユーザーの購買意欲を確認します。どんなに画期的なアイデアであれ、ユーザーがコストをかけて購買行動を起こしてくれなければ、事業を進めていくことはできません。

　実際にどのくらいの金額でユーザーが購買してくれるのかを調査しておきましょう。

　また、以下のような質問を顧客候補のN1に対して投げかけます（N1とは「個別の1人」を指します）。

- 「どんな願いも叶う魔法のランプを手に入れたら、自分の目的達成のために何をしますか?」
- 「その魔法のランプに備わっていなければならない機能を教えてください」
- 「その魔法のランプに最も近い解決策や製品を教えてください」
- 「その解決策や製品の長所と短所を教えてください」
- 「その魔法のランプを手に入れるために確保できる予算を教えてください」
- 「『ここまでできれば感動する』という、理想の製品のイメージを教えてください」

PMFの検証＝ドライテスト

　商品やサービスのリリースが完了し、改善のフェーズに入る際には、PMF（プロダクトマーケットフィット）の検証を行います。

　その商品やサービスが、どの程度顧客の課題を解決できるような適切な市場で受け入れられているかを検証するということです。この意味付けがドライテストになります。

　商品を企画して、「これは売れそうだ」という意気込みだけで、すぐにたくさんの商品をつくってしまうことは危険です。

　資金が続くうちは広告を出すことでなんとか売上を立てられるかもしれませんが、広告費が尽きた途端に、売上が急減して在庫過多になってしまいます。トータルで大きな損害が発生することも考えられます。

　そのようなリスクを回避するために行うのがドライテストです。どん

なビジネスでもPDCA（計画→実行→問題の確認→修正）のサイクルを回しながら段階を踏んで発展していくことが大切です。いきなり大量生産してしまうと、このようなPDCAを回せなくなります。

ドライテストを行うことは、PDCAサイクルを回しながら継続的に売上をつくるための手段といえます。

●ドライテストのステップ

一般的にドライテストとは、試作段階で実際に販売して、顧客の反応を確かめるテストのことを指します。

ミニマム通販では、**売り出したい商品の企画コンセプトとターゲットのニーズが合致するか否かを、SNSで投稿して判断**します。

そしてコンセプトとニーズがおおよそ合致していると判断できた段階で、第2弾のドライテストとして、小ロットのMVP（Minimum Viable Product：実用最小限の製品）をつくって販売します。

なるべくコストをかけることなく、最低限の製品やサービス、機能を持った試作品を出し、顧客の反応を探るということです。

このテストでは、顧客がどのような視点で買い物をするのかを把握し、より満足してもらえる商品やサービスを開発するためのヒントを得ます。そこで、事前期待と購入後の評価が同等か（または超えたか）どうかを確認し、その他、顧客の意見や感想をインタビューで吸い上げます。

インタビューはさまざまな会社やネットショップで行われる手法です。座談会などを開催し、顧客が抱えている問題と提供している解決方法がしっかりと合っているかどうか、実際の流れや事前期待に合致しているか否かを確認します。

商品が顧客のニーズにあっているのか、自分たちの認識と需要がズレていないのかを確認するのがドライテストの重要な役割です。ズレ

があった場合は購買にはつながりにくいと考えます。このまま継続していいのかを確認するためにも小ロットでチェックする必要があります。

　ミニマム通販を行う時は、最小限の予算で販売をすることが可能になるかどうかが重要なポイントとなります。したがって予算はできるだけドライテスト後に使うようにしておくことが大切です。そして、ドライテスト後には、

・**製品自体のクオリティ**
・**Webサイト**
・**LP（ランディングページ）**
・**広告宣伝費**

　これらにお金をかけられるように、予算を確保しておきましょう。
　ドライテストとは「仕入れる前に、先に売る」という意味で、「商品ゼロの無在庫販売でテストをする」という意味ではありません。顧客の購入意思を先に持ってくるマーケティング的な行為、かつ、ゼロイチでキャッシュが先に出ない思考法が「ドライテスト」です。

まずは40名の友だちを集める

　ドライテストでは、FacebookやInstagramなどSNSのフォロワーを最低でも40名集めるところから始めてください。友だちだけでなく知人、取引先、店舗に来てくれている顧客でも構いませんが、とにかく40名いないと始まりません。
　40名である理由は、「感情価格決定法」とも呼ばれる手法に基づいています。

　感情価格決定法とは小予算で簡単にわかる価格戦略プロジェクト
の一部で、商品やサービスの価格を消費者の感情に訴えるように設
定する方法です。詳しくは、『一瞬でキャッシュを生む！価格戦略プロ
ジェクト』(主藤 孝司 著、神田 昌典 監修、ダイヤモンド社)に記載さ
れていますが、ここでは概略を説明します。

　感情価格決定法では、以下の4つの質問を顧客に尋ねます。

・「あなたが『この商品は安い』と感じはじめる金額はいくらです
か?」
・「あなたが『この商品は高いが購入する価値がある』と感じる金
額はいくらですか?」
・「あなたが『この商品は高すぎる』と感じる金額はいくらです
か?」
・「あなたが『この商品は安すぎて品質が心配だ』と感じる金額は
いくらですか?」

　これらの質問によって、顧客の感情価格帯を把握できます。感情価
格帯とは、顧客が商品に対して抱く感情に応じて変化する価格の範
囲のことです。例えば、ある商品に対して顧客が回答した金額が以下
のようだとします。

安い=1000円
高いが買う=3000円
高すぎる=5000円
安すぎる=500円

　この場合、感情価格帯は以下のようになります。

1000円以下＝安すぎて品質が心配
1000円〜3000円＝適正価格
3000円〜5000円＝高いが買う
5000円以上＝高すぎて買わない

　この感情価格帯を知ることで、顧客が最も購入意欲を高める価格を見つけられます。

●40名である理由

　なぜ40名が適正なのかは、統計学的な理由からです。感情価格決定法では、顧客の回答を集計して平均値や分散値を求めます。この値は、サンプル数（回答者数）が増えれば増えるほど正確になりますが、一方でその分、コストや時間もかかります。

　そこで、コストや時間の面から考えて、サンプル数を最小限に抑えつつも、十分な精度を保つために必要なサンプル数を求める方法があります。その適切なサンプル数の目安が、一般的な統計学的な基準も踏まえて「40名程度」となるわけです。

　40名程度であれば、95％以上の信頼水準で±500円以内の信頼区間（統計学で母集団の真の値が含まれることが、かなり確信できる数値範囲）を得られることが統計学的シミュレーションからわかっています。

　もちろん40名はあくまで目安です。サンプルが40名いたとしても、実際の母集団の平均値や標準偏差はわかりませんし、サンプルが無作為に抽出されたものとは限りません。より高い精度や信頼性を求める場合はもっと多くのサンプル数が必要です。

　とはいえ40名ぐらいいれば、統計学的にある程度は信頼に値する

結果が出る、と考えてよいでしょう。

●40名は「ゆるい友だち」でいい

ではFacebookやInstagram、Xなどのフォロワー（友だち）が40人いないという場合はどうすればいいでしょうか。

その場合は、まず40名に達するまで増やしてください。ただ、これからミニマム通販に取り組もうとする人は、すでにリアルの顧客を持っていることがほとんどです。40名程度の友だちはすでにいるはずです。

この友だちというのは、「買ってくれそうな友だち」である必要はありません。買ってくれるかどうかはわからない。こちらからヒアリングして、何らかの答えが返ってきそう。その程度の「ゆるい友だち」で構いません。「ゆるい友だち40名」をまず集めます。

その40名に対して、アンケートを取ったり、座談会をオンラインで開催したりして、感情価格決定法の質問項目を投げかけて、価格やコンセプトに関する調査を行います。

ゆるい友だちが40名いれば、その40名とコミュニケーションする過程で、これから提供しようという商品・サービスに賛同してくれるファンが1人くらいは生まれます。その人が最終的なターゲットになります。その人を巻き込みながら、コンセプトづくりや商品開発を実施していきます。

1名の熱狂的なファンをターゲットとする理由

1名の熱狂的なファンをターゲットとするのはなぜでしょうか。

●1名を明確なターゲットとしなかった場合のリスク

まずは1名をターゲットとしなかった場合のリスクを考えてみます。

ターゲットが明確でないと、製品やサービスの方針がブレやすくなります。結果として、何を提供すべきかの方向性が失われる恐れがあります。また明確なターゲットが存在しない場合、マーケティングや開発のリソースを広範囲に散らばらせる必要が出てきます。これは非効率的であり、コストの増大を招く可能性があります。

さらに明確なターゲットがいないと、製品やサービスの質的なフィードバックを受け取るのが難しくなります。これにより、必要な改善点を見逃すリスクが高まります。

そして、1名ではなく広いターゲット層を持つと、その全ての層と適切にコミュニケーションを取るのが難しくなります。広範なターゲットを持つことで、ブランドの特定のイメージや価値が希薄化し、一貫性を欠く可能性が高まります。

●1名を明確なターゲットとした場合の利点

次に、1名を明確なターゲットとした場合の利点です。

1. 製品やサービスの最適化

明確な1名のターゲットを持つことで、その人のニーズや欲求に合わせて製品やサービスを最適化しやすくなります。

【事例】：ユニクロは「ヒートテック」を開発する際、寒冷地での一般消費者の具体的な要望を取り入れ、それに応えるアンダーウェアを提供し、大ヒット商品となりました。

2. マーケティングの効果的な実行

特定の1名をターゲットにすることで、広告やプロモーション活動が効果的に実施できます。

【事例】：資生堂は「マキアージュ」ブランドを、20代〜30代の女性を明確なターゲットに設定し、彼女たちのライフスタイルや価値観に合ったコスメティックを展開、成功を収めました。

3. 高い顧客ロイヤルティの獲得

　明確な1名のターゲットに特化したサービスや商品は、その人にとって「このブランドしかない」と思わせることができ、高いロイヤルティを獲得します。

　【事例】：P&Gの「パンパース」は、新生児の親をターゲットに、赤ちゃんの肌に優しい材質や機能を追求。その結果、多くの親からの絶大な支持を得ています。

4. クリアなブランドイメージの確立

　1名のターゲットに特化することで、そのブランドが何を目指しているのか、何を大切にしているのかというイメージがクリアになります。

　【事例】：TOYOTAの「プリウス」は、環境に優しいハイブリッドカーとしての明確なポジショニングで、環境を意識する消費者からの支持を集めています。

5. 類似製品や競合との差別化

　1名の明確なターゲットに向けて製品やサービスを開発・提供することで、他の類似製品や競合との差別化が図れます。

　【事例】：NECは軽さを求めるビジネスマンを明確なターゲットとして、業界最軽量パソコン「LaVie Z」を販売。その結果、多くのビジネスマンからの支持を獲得しました。

　これらの理由と事例を通じて、明確な1名をターゲットに絞ることの重要性を感じ取れることでしょう。特に新規事業を展開する際には、

このようなアプローチが極めて効果的であると言えます。

　他にも、それまでガテン系男子の作業着のイメージが強かった「株式会社ワークマン」の斬新な取り組みとして、上場企業で初めて、女性ユーチューバーを社外取締役に任命した事例があります。

　社外取締役となった人物は「サリーさん」こと濱屋理沙さんです。彼女は「サリーチャンネル」というプラットフォームを通じて、ワークマンの商品に関する提案を行いました。その結果、彼女のアイデアでデザインや機能を改善した防寒ウェアが大ヒットし、40万枚以上の販売を記録しました。

　この成功は、濱屋さんたった1人（N1）からの成果であり、人の個性と影響力が大きな成果を生むことを示しています。

02 近しい人40名との関係性を深める

アンケートの実施

　さて、SNSで集めた40名のゆるい友だちとの関係性を深める方法として、アンケートと座談会があります。具体的な手順を解説します。

　アンケートでは40名のメンバーに対して、新商品に関する質問を行います。質問は、メンバーの感情やニーズに触れるように工夫します。

　例えば、「あなたは新商品にどんな期待や興味を持っていますか?」「あなたは新商品にどんな機能や特徴を求めていますか?」「あなたは新商品にどんな価値やメリットを感じていますか?」などです。具体的なアンケート項目を下記に示しました。

アンケートで聞きたい質問

概要	質問項目
基本情報	年齢層
	性別
	職業
	新商品コンセプトの紹介
	新商品の以下のコンセプトについてご覧ください。(コンセプトの説明)
コンセプトへの反応	このコンセプトに対して、最初に感じたことは何ですか?(自由回答)
	このコンセプトはあなたにとって魅力的ですか?(5段階評価)
コンセプトの具体的な要素に対する意見	コンセプトの中で特に気になった部分や期待する機能はありますか?(自由回答)
	コンセプトの中で改善してほしいと感じる部分はありますか?(自由回答)
価格に対する感覚	このコンセプトの商品が実現した場合、どのような価格帯が妥当だと感じますか?(選択肢または自由回答)
その他のフィードバック	この新商品コンセプトに対して、他に何かご意見や提案があればお聞かせください。(自由回答)

以上のようなアンケートを実施することで、新商品コンセプトの多面的な評価を行い、より具体的な市場反応を把握することが可能となります。この結果を分析することで、新商品の方向性や改善点が明確になります。

座談会の実施

座談会では、アンケートとは異なり、参加者同士の対話を通じて深い洞察を得られます。アンケートが個人の意見を集めるのに対し、座談会では相互作用を通じて新たな視点や感想を引き出すことが可能です。座談会で質問したい内容は以下の通りです。

座談会における主な質問

概要	質問項目
コンセプトへの最初の印象	皆様がこの新商品コンセプトを初めて見た際の感想を教えていただけますか？
共感・不共感の部分の探求	このコンセプトのどの部分に共感しますか？また、共感できない部分はありますか？
価値提案の評価	この新商品が提案する価値について、どう感じますか？実際に使う場面はどういったところでしょうか？
既存商品との比較	この商品が市場にすでに存在する他の商品とどう異なると感じますか？
購買の障壁と促進要因	この商品を購入する際に感じる障壁や促進要因は何だと考えますか？
プロモーション・広告のアイデア共有	この商品をどのように宣伝すれば効果的だと思いますか？
価格に対する印象	皆様が感じるこの商品の適切な価格はいくらだと思いますか？
製品の改善提案	このコンセプトをさらに魅力的にするために、何か改善すべき点はありますか？
シナリオ演習	この商品を実際に使用するシチュエーションを想像して、それについて語り合ってみましょう。

座談会では、参加者の意見が交差することで、予想外の洞察や深い理解が得られることもあるため、進行役の技術も重要です。進行役は参加者の意見を引き出し、議論を深め、全体をまとめる役割を果たします。

また座談会の進行において、参加者の意見を多岐にわたって引き出すためには、以下のような他の質問や進行方法も考慮されると良いでしょう。

追加で聞きたい質問

概要	質問項目
使用シーンのイメージ	この新商品を使用する具体的な場面や状況を皆様で共有し、想像してみましょう。
ターゲット層の洞察	この商品を最も必要とする人々はどういった方々でしょうか?その理由と共にお話しいただけますか? また、共感できない部分はありますか?
競合製品との差別化	市場上の類似商品と比べて、この商品の強みや弱みは何だと感じますか?
デザインに対する反応	商品のデザインやパッケージに対する感想はいかがでしょうか
販売チャンネルの提案	この商品はどのような販売チャンネルで展開すると効果的だと考えますか?
社会的・環境的要因の考慮	この商品を購入する際に感じる障壁や促進要因は何だと考えますか? この商品が社会や環境に与える影響について、どういった考慮が必要だと思いますか?
参加者同士のディベート	参加者の中で意見が分かれた場合、ディベート形式で深掘りしてみるのも一考です。
ユーザーエクスペリエンスのシミュレーション	商品の使用プロセスを一緒に歩いてみましょう。どういったエクスペリエンスが期待できるでしょうか? この商品を実際に使用するシチュエーションを想像して、それについて語り合ってみましょう。

　座談会では、参加者間の対話を活性化し、ファシリテーターの適切な進行により、多様な視点や深い理解を引き出すことが重要です。具体的なシナリオの演習やロールプレイなどの手法も効果的に使用できるでしょう。

「売れる通販指数」を突破する

　ドライテストをクリアできたかどうかを測る基準として、「売れる通販指数」があります。「どれだけのユーザーが購入する見込みがあるのか」を表す数字です。具体的な計算式は以下の通りです。

> **売れる通販指数＝売上見込み数×販売予定単価÷紹介者総数**

　ドライテストの段階では、売上見込み数は「いいね！」と言ってくれている人の数、紹介者総数はアンケートや座談会などで商品コンセプトを紹介した人の総数を指します。この計算式を当てはめて、2000を超えればひとまずは合格といえます。

　例えば、40名のファンコミュニティのメンバーに対して商品コンセプトを紹介し、25名が「いいね！」やコメントをくれたとします。想定価格が4000円だと設定していたとすると、

> **25名×4000円÷40名＝2500**

となります。この場合は2500なので、基準である2000をクリアしています。2000を超えていない場合は、顧客の頭の中にイメージが湧かず、製品企画としてのコンセプトが不明確になっているということです。2000未満であれば、コンセプトをもう少し尖らせるなどの軌道修正を行います。

　通販指数が2000を超えた場合は「売れる」と判断し、次のMVPの段階に進みます。

ドライテストの事例：飲むサツマイモ「ア！ハッピィモ」

　ドライテストの事例を紹介します。実家の畑で獲れるサツマイモを「飲む乳酸菌」にして自社で製造・販売する第6次産業を手掛けている後藤さんの事例です。

●コンセプトを立案

後藤さんは、28年間にわたり、夫の胃腸科診療所を事務長としてサポートし、28,000人以上の患者を受け持った経験があります。夫の専門が胃腸科外科で、患者の食生活や生活習慣が腸の健康に影響を与えることに気づきました。

例えば、数年に1回、同じ症状で受診する患者さんがよくいました。これは、薬やサプリで一時的な改善効果はあるものの、根本的な改善にはつながっていないことを意味しており、生活習慣の改善の必要性を示唆していました。

最近の医学で腸の働きが解明され、食事と生活習慣が重要であることがわかり、胃腸科医師自身も野菜摂取と運動による腸の健康を意識し始めました。そして野菜生活と運動を始め、便臭の改善やおならの減少、肌の調子の改善といった効果を実感。根野菜の食物繊維は腸内細菌の健康に重要な役割を果たしていることがわかっています。また、薩摩の地はサツマイモの産地で、食物繊維が豊富なサツマイモが主食やおやつとして女性に人気です。

私は後藤さんへのこのようなヒアリングをもとに、UVP構文を作成しました。できたUVPは次の通りです。

> 人に言えない悩みを持つアラフォー世代の女性にとって、
> 便通をよくすることで、元気な身体をつくるための
> 胃腸科専門のドクターがやっている腸能力をアップさせる
> 食と生活習慣のサービス
>
> 【キャッチフレーズ】
> 「薬ではない野菜（自然）由来の腸お助け隊」

「食の腸能力　出てます！　出てます！」

　またコンセプトとして、「人に言えない悩みを持つアラフォー世代の女性にとって、便通をよくすることで、元気な身体をつくるための、胃腸科専門のドクターがやっている、腸能力をアップさせる食と生活習慣のサービス」を考案しました。

●ドライテストを実施

　農作物の中でも、特に昔から鹿児島の農業を支えてきたサツマイモに絞って、サツマイモの加工品を探していたところ、奄美大島に昔からあるお米とサツマイモでできた「ミキ」という発酵食品に出会いました。この食品は、乳酸菌と食物繊維が豊富な飲料です。

　この飲料の仮名を「飲むサツマイモ」として、40代から60代にFacebookでドライテストを実施しました。すると、55歳から65歳の男性に多くの反応があることがわかりました。この年齢の男性は、野菜の摂取量が少ないと自覚している方が多いようです。

　何回か内容を変えてドライテストを行うも、やはり50代後半から60代にかけての男性の大きな反応がありました。これらのことから、ターゲット層を40代後半の女性と、50代後半の男性の両方に想定しました（この年齢層が夫婦関係にあることも考えられるため）。

03 3つのステップで PNPをつくる

9マスを埋める

ビジネスの基本は、「誰の、どんな問題を解決するのか?」です。「誰の、どんな問題を解決するのか?」を言い換えれば「コンセプト」です。 通販やD2Cに限ったことではありません。コンセプトを明確にするために、競合調査の3C分析を使いましょう。3Cとは、

・Customer(市場・顧客)
・Competitor(競合)
・Company(自社)

の3つの頭文字を取ったものです。3C分析をすることで、抜け漏れなくマーケティングの要点を把握できます。

3C分析は、9マスを埋めることで簡単に行えます。まず、縦3マス×横3マスの9マスをつくります。

横軸の3マスには、

・誰に
・何を
・どうするのか

縦軸の3マスには、

・ビフォー(問題)
・アフター(メリット)
・アフター(ベネフィット)

を記入します。

3C分析の9マスを埋める

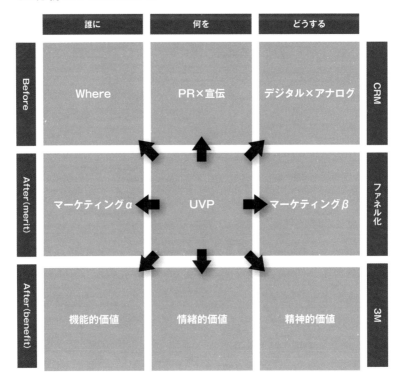

小林製薬株式会社の「のどぬ〜る」を題材にすると、次のようになります。

【横軸】
・誰に:自宅での治療をしたいのどが痛む人に
・何を:細かなこだわり満載の長いノズルを
・どうするのか:直接患部に塗ってセルフケアをする

【縦軸】
・ビフォー(問題):のどの痛み
・アフター(メリット):家庭で自ら、のどの殺菌を行える
・アフター(ベネフィット):わかりやすい新習慣提案

縦軸の「ビフォー(問題)」が、商品・サービスを受けた後、どのようになったのか。そのアフターの先の体験から生まれる感情を文字化していくワーク(ベネフィットまで、この9マスを埋めていく)です。ぜひ頭を整理する際に使用してみてください。

9マスの横2番目・縦3番目のマスは、「何を」×「アフター(ベネフィット)」に該当するキーワードです。ここは「情緒的価値」を指す欄なのでとても重要です。

従来は「おもてなし」ということで重宝されていた体験価値を、現代は「デジタル」を使って表現することが求められています。おもてなしに近いようなしっかりとした経験を、デジタルによってつくり出すプロセスが重要視されています。

ここまでが整理のパートになり、バズる商品をつくる最初の第一歩になります。

バズる商品をつくる「PNP設計」

　バズる商品をつくるには「PNP設計」思考が大事になります。

　PNP設計とは、パッケージ（P）、ネーミング（N）、プロダクト（P）のこと。ポイントは、パッケージ（P）とプロダクト（P）の真ん中にネーミング（N）が入っているところです。

　どんな商品でも、売れている商品には理由があります。その理由にはネーミングも含まれるということ。したがって、「それを使ったらどんな感情になるのか?」という情緒的価値までを含めて（文字に表現して）設計するという考え方が、PNP設計です。

　商品・サービスを使うと、機能的価値以外のどのような精神的価値や情緒的価値が生じるのか、この点を調査しないといけません。そのためには、顧客へヒアリングして確認する必要があります。これがプロダクト（P）の大切な視点です。

　ここでいうパッケージ（P）は、あなたがイメージしているものとは少し違うかもしれません。本体を出す際にビリっと破いて捨ててしまう保護フィルムや箱などは、パッケージのごく一部です。本来のパッケージの概念はもっと幅広いもの。無形有形を含めて目から入ってくる全ての商品情報をパッケージととらえます。

　パッケージを考える際は、次の視点に注意する必要があります。

・顧客ファーストになっているか?

・持続可能か否か?

・使い勝手が良いか否か?

・デザイン的な機能か否か?

・リテラシーがあるか否か?

そして、プロダクトとパッケージに共通する、しかも直感的にわかるキーワードがネーミング（N）です。よって、プロダクトとパッケージに共通する大量のキーワード候補を出しながらネーミングをつくることが非常に大事です。

パッケージ（P）とプロダクト（P）の真ん中にネーミング（N）が入っているのはこのような理由からです。

PNP設計の成功の秘訣は、それぞれ単独で実施しないことです。プロダクトができたタイミングでパッケージを考えるケースが多いですが、エンドユーザーに届けるかたちから想定してプロダクトを同時に決定するようなプロセスに変更してみてください。

環境やエコを謳っていながら過剰な包装がされていれば、言動に一貫性がなく顧客からクレームにつながるケースもあります。言動が一致しないと世界観の統制が取れないので、結果、商品は売れずに顧客の手元に届きません。

そういう意味でも**PNP設計では、しっかりと顧客の意見を反映させることが重要**になります。

PNPの作成例

このPNP設計をどのようにつくり込めばよいのかを解説します。

「のどぬ～る」はのどの痛みに直接塗って対処するというコンセプトがすぐに伝わる製品の名称です。この商品を例に、PNP設計を解説します。

1986年当時、医療施設を訪れる人の5分の1は「のど」のトラブルが理由でした。主な原因であるウィルス感染による風邪で見てみると、84%もの人がのどの腫れなどを訴えていたにも関わらず、家庭で自らのどの殺菌を行える商品はほとんどありませんでした（1986年

厚生省「医療施設を訪れた患者に行った調査」）。

　ここに着目した小林製薬は、こだわりの殺菌効果とわかりやすい新習慣提案をネーミングにしました。風邪の始まりを自宅でブロックする「のどぬ〜る」です。

　小林製薬のプレスリリースには、「一番こだわったのは効果。のどの痛みや腫れを少しでも早く治したい」「多くの方に信頼して使っていただくために、成分は医療用でも使われてきたヨウ素を使用」などと記載されています。

　その上で、「のどに直接塗って対処する」というコンセプトがすぐに伝わるネーミング、使い方がすぐにわかるパッケージ、それをわかりやすく伝える広告により、「自宅でものどの殺菌消毒が可能」という新しい習慣は徐々に浸透し、30年経った今でも愛され続けるロングセラーブランドとなりました。

　このことからわかる通り、**「誰に対してどんな価値提供をするのか」をベースに、ネーミングとセットにしてコピーを作成する**ことが大切なのです。そして、UVP（〇〇にとって△△になるための××サービス）の構文にはめ込んで考えます。

> ・のどの腫れを訴える人にとって
> ・のどに直接塗って対処するための
> ・風邪の始まりを自宅でブロックするサービス

　構文にしっかりと文字化して作り込まれていることがわかります。「のどぬ〜る」は、30年以上経過しても構文に投影する製品のコンセプトがブレていません。

　「のどぬ〜る」は、わかりやすいネーミングとその効果で多くの方に

愛され、現在では「のどの総合対策ブランド」として約7割の認知率を獲得するまでに成長しています。のどに違和感があったら「のどぬ〜る」と思い出してもらえる、顧客にとって身近な存在になりました。

　小林製薬は、発売30周年を機に「頑張るあなたの"のど"を守ります！」というスローガンを制定しました。このスローガンのもと、さまざまなシーンにフィットした商品を今後、提案・開発し、忙しく働く現代人の「のど」とその暮らしにさらに寄り添っていけるブランドとして進化するために、意見をもらうべく情報収集をしています。

　もし小林製薬が、PNP設計の工程をカットしたら、それなりの商品にしかならず、売上もそこそこで終わったでしょう。なぜなら、ファンと一緒に製品をつくる過程においてユーザーの気持ちに寄り添えないからです。

　ミニマム通販においても、UVP構文に当てはめる際に、直感的にわかるPNP設計に一緒に取り組むことが重要です。

バズる商品戦略【PNP設計思考】

P[パッケージ]

必要な情報が得られること

アクセシビリティ

情緒に訴え行動を誘発するデザイン

デザイン

快適、便利など使いやすさ

ユーザビリティ

理解しやすい表現、構成

リテラシー

環境への配慮、長く使えること

サスティナビリティ

物性＝商品の成り立ち
原料は何か？
新しいブレンドなのか？
どんな技術で作られたか？
産地に特徴はないか？

特質＝嗜好性
味は？
色は？
匂いは？
感触は？

機能
栄養価、栄養の種類は？
ダイエット効果は？
エネルギー系か？
健康効果があるか？
美容効果は？

形状
液体か？
固体か？
気体か？
四角か、丸いか、三角か？

N[ネーミング]

直感的にわかる

ヒットネーミングを作成する5つのステップ

① **商品の性格をディスカッションする**
プラス造語法（A＋B＝AB）
並び替え造語法（アナグラム造語）
擬音・擬態語ネーミング

② **世界の中心で叫びたいことを1つ決める**

③ **キーワード出しは検索を使って大量にする**

④ **言葉のミックスジュースを楽しみながら作る**

⑤ **商品登録を忘れずに**

P[プロダクト]

プロダクトコーン理論

エッセンス
精神的価値

ベネフィット
情緒的価値

規格
機能的価値

エッセンス
性格・イメージ（擬人化）

ベネフィット
顧客のメリット

規格
商品定義・スペック・コンセプト

テストマーケ
ティングを実施し、
リリースする

このチャプターでは、ミニマム通販の基本6ステップのうち、「ステップ④　テストマーケティングを実施する」「ステップ⑤　ファン度テストを実施する」「ステップ⑥　リリースする」について解説します。テストマーケティング、ファン度テストを通してコンセプトを磨き、ファンづくりを進めることで、発売後の成功の確度を上げていきます。

01 ステップ❹ テストマーケティングを実施する

テストマーケティングとは？

　テストマーケティングとは、新製品やサービスの市場投入前に、限定的な市場でその反応をテストするマーケティング手法です。テストマーケティングを実施する目的は、下記のようにいくつかあります。

●市場からの反応の把握
　商品が実際の市場でどのように受け入れられるかを具体的に理解できます。これにより、顧客のニーズや期待に応えるための調整が可能になります。

●リスクの軽減
　失敗の可能性を早期に発見し、必要な改善を行えます。大規模な投資を行う前に潜在的な問題を修正できるのです。

●最適なマーケティング戦略の構築
　価格、プロモーション、販売チャンネルなど、最適な戦略を構築するための生のデータを得られます。

テストマーケティングの手法

　テストマーケティングの手法にはいくつかあります。主な手法は下

記の通りです。

地域限定テスト

　特定の地域で新製品を販売し、その反応を観察します。特定の市場に対する製品の適合性をテストするのに非常に効果的です。

●仮想市場テスト

　シミュレーションを使用して消費者の反応を予測します。高速かつ低コストであるため、初期段階でのテストに適しています。

●コントロールストアテスト

　特定の店舗でのみ製品を販売し、その効果を比較分析します。これにより、店舗レベルでの販売促進戦略の効果を詳細に調査できます。

●サンプル配布

　顧客に無料サンプルを提供し、フィードバックを集めます。直接的な顧客の意見を得られ、製品の改善に役立てられます。

●クラウドファンディング

　インターネット上でプロジェクトを立ち上げ、賛同してくれる人から資金を集める仕組みです。クラウドファンディングは、群衆（crowd）と資金調達（funding）を組み合わせた造語です。

　クラウドファンディングには、「購入型（リターン品を提供するタイプの支援方式）」「融資型（資金を借り入れる方式）」「寄付型（支援者から寄付を募る方式）」「投資型（出資者に対して株式を割り当て、分配金を支払う支援方式）」といった種類があります。

　通販ビジネスの事業者が活用する場合は、購入型のクラウドファン

ディングが中心です。主なクラウドファンディングのサービスには次の3つがあります。

・Makuake（マクアケ）
https://www.makuake.com/
・CAMPFIRE（キャンプファイヤー）
https://camp-fire.jp/
・READYFOR（レディーフォー）
https://readyfor.jp/

　上記の手法のなかで、**私がミニマム通販において奨励しているテストマーケティング手法はクラウドファンディングです。**クラウドファンディングでは、発売前に商品やブランドストーリーの検証を行うことができます。また、A/Bテスト（2種類の広告をランダムに表示して効果を測定するテスト）を実施して、広告の費用対効果を最大化することもできます。

テストマーケティングの実施例

　ここではオンライン上でできるオンラインテストの具体的な例を紹介します。

●事例1　新製品のプレオーダー販売テスト

製品：新しい美容製品

方法：ターゲット市場に向けて、限定数のプレオーダー（事前予約）販売を開始。専用ランディングページを作成し、製品の詳細、価格、特典情報などを掲載。またSNSとメールマーケティングでプロモーションを実施。購買者からのフィードバックを収集し、製品改良の参考にす

る。

●事例2　既存製品の価格テスト

製品：人気の健康食品

方法：ターゲットオーディエンスに向けて異なる価格設定で製品を提供。訪問者の反応や購買行動を追跡し、価格感度を分析。最適な価格設定を見極める。

●事例3　A/Bテストによる広告効果測定

製品：新しいファッションアクセサリー

方法：2種類の広告クリエイティブ（AとB）を用意。オンライン広告プラットフォームを使って、同一ターゲットに対して両方の広告をランダムに表示。クリック数、コンバージョン率などのKPI（業績管理評価のための重要な指標）を測定し、どちらの広告が効果的なのかを分析する。

大企業の実施したテストマーケティングの例

　大手企業もテストマーケティングを実施しています。代表的な例がTesla（テスラ）です。

　Teslaは電動自動車「Model 3」発売に先立って、プレオーダーを受け付けました。予約者は小額のデポジット（一時的預かり金）を支払い、製造が始まると順番に車両が提供されました。このプレオーダー販売は、市場からの関心を測定し、製造計画を最適化する手段です。また、事前に収集した資金を製造コストの一部として使用するなど、資金調達の側面もありました。

　プレオーダーは、新製品の市場導入の際に、市場の反応を早期に

把握し、製造計画やマーケティング戦略を調整するための有効な手段といえます。

　Model 3は2016年3月31日に発表され、日本では、2018年11月8日にプレビューが行われました。プレオーダーは、2019年5月31日から開始されアメリカ及びカナダに住む全てのテスラ・モデル3のカスタマーが、2500ドル（27万円）のデポジットを支払いました。日本では、10万円のデポジットが必要でした。

コトやイミの提供

　ミニマム通販ではただ高性能で機能的な製品を売るだけではなく、「コト（体験）」や「イミ（意味）」を提供することが必要です。技術の進化はとても大切ですが、最新技術ばかりが消費者のニーズではないことも理解しておく必要があります。「不」の解消のみでは人は行動しないということです。

　成功している通販は「商品のオリジナリティ」と「体験の提供」を両立させている例が多いといえます。

　その点で参考になるのが、屋内用フィットネスブランドの「Peloton」（https://www.onepeloton.com/bike）です。

　Pelotonのエアロバイクやルームランナーには、専用のモニターがついています。ユーザーは決まった料金の月額を支払うことで、このモニター上でインストラクターのトレーニングが受けられます。

　インストラクターのトレーニングと言っても、一人ひとりに合った方法を提案するのではなく、目を引くアクションや言葉でユーザーのモチベーションを高めるといったものです。

　さらにPelotonには、他のユーザーを含めた順位が表示されたり、

スタンプ機能のようなもので他ユーザーを応援したりする機能も搭載されています。

　Pelotonは体験を共有することでコミュニティを形成し、それに加え、エアロバイク、ルームランナーといった「やや高額なハード製品」をセットにして単価を上げる優秀なビジネスモデルと言えます。家にいる時間が増え、コミュニケーションが減ったコロナ禍においてPelotonはさらに成長しました。

　同様のサービスにLA発のエアドラムエクササイズ「POUND」があります。ホットヨガで運動不足を解消したい女性目線で造られたスタジオは、清潔感とおしゃれな雰囲気が人気です。気分が上がるホットヨガスタジオもこれから流行ると思います。事実、マレーシアのコンドミニアム内にある広場でこのエクササイズが流行っています。

　クラウドファンディングでの成功事例は、他にもあります。

●一人ひとりに合わせたオーダーメイドのヘッドホン

　「音楽好きのためのヘッドホン」をつくるプロジェクトで、リターンには自分の耳に合わせたカスタマイズや音楽家との交流などが含まれていました。目標額は1000万円でしたが、最終的には約1億5000万円を集めました。

●日本初！　世界最高峰のチョコレート専門店

　チョコレートの専門家が選ぶ「世界最高峰のチョコレート」を日本に紹介するプロジェクトで、リターンにはチョコレートの試食や店舗招待券、チョコレート教室などが含まれていました。目標額は500万円でしたが、最終的には約1億2000万円を集めました。

●日本初！　世界一小さな本屋さん

「世界一小さな本屋さん」をつくるプロジェクトで、リターンには本屋さんのオープニングパーティやオリジナルグッズ、本屋さんの名前をつける権利などが含まれていました。目標額は100万円でしたが、最終的には約4000万円を集めました。

●日本初！　自分だけのオリジナル香水をつくろう

「自分だけのオリジナル香水」をつくるプロジェクトで、リターンには香水の作成体験やオリジナルボトル、香水作家との交流などが含まれていました。目標額は300万円でしたが、最終的には約1億円を集めました。

これらの事例からわかるように、「コト付きモノ」で成功するためには、商品だけでなく体験やストーリーも提供することが大切なのです。また、ターゲット層に合わせたニッチな商品やサービスを提案することも効果的です。

テストマーケティングの事前準備

テストマーケティングをする際の準備について説明します。

●ターゲットオーディエンスの選定

対象となる消費者層を特定し、テストを行う対象を絞り込みます。

●テスト環境の構築

専用のランディングページやWebサイトを作成する前に簡易的なトップ画面のみを作成し、SNS上でテスト製品（MVP）を掲載し、意見を収集します。

●プロモーション

　SNSや既存顧客のメールマーケティングなどを利用して、テスト対象者に製品を紹介します。

●データ収集

　訪問者の行動や反応を追跡するためのツールを設置し、データを収集します。

●フィードバックの収集

　サンプリング、アンケートなどを通じて消費者からの直接的なフィードバックを収集します。

●分析と評価

　収集したデータを分析し、製品の受け入れ度、価格感度、改善点などを評価します。

●結果の活用

　テスト結果を基に、製品の改良やマーケティング戦略の調整など、具体的なアクションプランを立てます。

02 クラウドファンディング
成功のポイント①シナリオ

クラウドファンディングを成功させるための3つのポイント

テストマーケティングのためのクラウドファンディングの活用方法について解説します。まず、クラウドファンディングを成功させるために大切なことは3つあると理解してください。

①シナリオ設計（買って応援・使って応援）
②事前告知（集客）
③支援者へのリターン（価格戦略）

①から順に説明していきましょう。

①シナリオ設計 ―ユーザー視点で設計する―

ユーザーがクラウドファンディングの説明文を読んだ時に、「購入して応援してみよう」あるいは、「買って応援・使って応援したい」という気持ち（エシカル消費）になるように、ユーザー視点でシナリオを設計することが大切です。具体的には、

・この商品にはどんな特徴があるのか
・この商品はどんな点で差別化されているのか
・この商品は誰が販売しているのか

・この商品はどんなリターンがあるのか

　このような内容を全体のシナリオに落とし込んでいきます。といっても、何を書けばいいか迷ってしまうかもしれません。そんな方のために、書くべき項目とポイントを説明します。

●プロジェクト内容は「フック」が重要

　プロジェクト紹介のテキストは、ユーザーにとって読み進めやすい「5W1H（いつ・どこで・誰が・何を・なぜ・どうやって）」で簡潔にまとめてください。プロジェクト紹介の冒頭は簡潔な3つのストーリー（3行の文）でまとめます。

　書き方がわからない場合は、自分が気になった別のプロジェクトを参考にしましょう。なぜ気になったのか、何に興味を持ったのかなどを分析してみるとよいでしょう。

　つくった文章に自信がなければ、できたものを他人に見せて反応を見るのもいいかもしれません。

　本文冒頭をどのくらいの分量でまとめればいいかについては、決まりはありません。ただ個人的な感覚として1スクロールぐらいと考えています。ページ最文末まで読了するのは、ページにアクセスする人の20％程度です。

　クリックした支援者は数スクロールまでは見てくれます。それ以降はこの本文冒頭の見せ方で変わってきます。本文冒頭の見せ方で重要なのは「フック」です。

　冒頭からストレートに物事を伝えても、見る側はその準備ができていないので伝わらない。それを解決するためにワンクッションとなるフック、つまり『問題提起』が必要となります。

プロジェクトのタイトルや概要の3行を読んだだけでは、読者はまだ「少し気になるくらい」の印象しか持ちません。読者の気持ちを高めるには、問題提起をすることで、「他人事」から「私事」にし、思わず共感してもらうことが必要です。

人は潜在的に変化を嫌っているため、現状からの変化を伴う物事を疑います。だからこそ「私のことだ」と思わせる気持ちの変化を与えないと、時間を割いてまで読み進めようとはしてくれません。

問題提起を記載した後には、「その気持ちを解決する商品やサービスがここにある」と宣言することを忘れないようにしましょう。気持ちの変化が起きているまさに今、その解決策を提案するのです。ここから生まれる安心感が興味へとつながり、最文末まで読むきっかけになります。

男性向け整体パンツ「ZERO」の事例

男性向けの整体パンツ「ZERO」のクラウドファンディング事例で解説します。プロジェクトの概要を3つのストーリーにすると、

- 姿勢の専門家の「骨盤を立てる」独自メソッドを組み込んだ、新感覚の男性用パンツ
- 履くだけでストレスZEROを目指します
- コルセットとは異なり、きつくないので、24時間履いていられます

と、なります。後は、必要なコンテンツを作成します。具体的には、以下のような流れでプロジェクト紹介のテキストを作成するとよいでしょう。

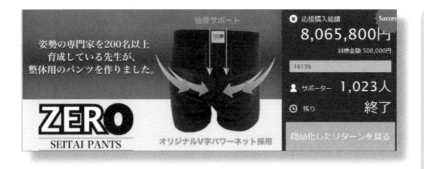

【プロジェクト紹介の流れ】

●プロフィール

●プロジェクトについて（3つのストーリー）

　①姿勢の専門家の「骨盤を立てる」独自メソッドを組み込んだ、新感覚の男性用パンツ。

　②履くだけでストレスZEROを目指します。

　③コルセットとは異なり、きつくないので、24時間履いていられます。

●問題提起

「こんな悩みはないですか？」「こんな悩みを解決します」

●共通の敵（一般的な解決法）

「ストレッチ・運動をする」「湯船にしっかりつかる」「カイロや湿布を使う」「整骨院に通う」が一般的。しかし、なかなか良くならずに、やめてしまっている方もいるのでは？

●提示できるデータ

●主張

「整骨院の数は増加するが、腰痛が減らないのはなぜか？」

「実は『骨盤を立てること』が重要です」（MVPを開発した一方で体系化したアンケートの結果を紹介）

●MVPの開発経緯

●3つの特徴

「骨盤を立てる」「履くだけでストレスZERO」「24時間履ける」

●広報活動やメディア登場の履歴

「『ストレスがなければもっと、良い仕事ができるのでは?』と、姿勢についての考え方・直し方を広める活動を開始」「出版でも累計12万部を突破」

●クラウドファンディングを開始した経緯

●沿革とスケジュール

●リターン紹介

●資金の使い道

●FAQ

　なおリターンは、個人向けだけでなく法人向けにも準備すると、他のお店や代理店が「うちでもその商品を扱いたい」と手を挙げてくれる可能性が高まります。

　個人向けは、「松・竹・梅」の3種類を最低でも準備をしましょう。超早割・早割などによって、割引率を変えて、先に購入してくれる顧客が最大限恩恵を受けられるようにしてください。

　この事例の中で特筆すべき点は、「なぜ整骨院は増加しているのに、腰痛は減らないのか?」という、ごくごく普通に感じる共通の敵(仮想敵)をつくった点です。これにより支援者が増えることになりました。

女性版スポーツ用骨盤ショーツ「ZERO」の事例

　男性用パンツ「ZERO」の後に、女性用「ZERO」もテストマーケティングしました。ゴルフ女子にフォーカスして、「姿勢が良くないとスコアが良くならない」という視点で提案されています。

【キャッチコピーのポイント】

骨盤を立たせて、身体をより美しいフォームへ。特許技術のスポーツ用骨盤ショーツ登場

・骨盤を立たせて、身体をより使いやすく！　美しく、正しいフォームへ導く！

・「履くことで腰の負担を防止する」特許技術を取得した構造、5つのサイズから選べます。

・ゴルフやテニス、ヨガなど運動時に骨盤をサポートして「腰へのストレスZERO」を目指します。

↓

身体の土台「骨盤」からサポートする女性用スポーツインナー登場！

という展開になっています。また、以下のように他社製品との違いを挙げています。

　整体ショーツは、着用時に「骨盤を立てる」特許取得の構造で、腰の反りを抑えて筋肉の負担を軽減。より多くの女性に、スポーツ時の腰への負担を軽くしてより楽しんでいただきたい、そういった思いでつくりました。

　また、スポーツだけでなく、普段の生活、特にテレワーク中や

家事の時など、さまざまなシーンであなたの骨盤をサポートします。

「綿100％なのにヒンヤリした寝具」の事例

　次は東京都中央区日本橋にある株式会社エフェクトが取り組んだクラウドファンディングの事例です。

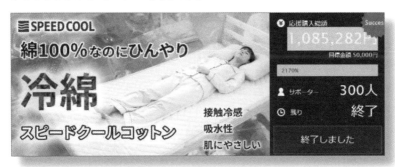

　エフェクトは、寝具・インテリアの企画・開発・製造・販売を一貫して執り行う寝具インテリア卸メーカーで、こんな思いを掲げています。

　人生の3分の1は睡眠時間と言われています。つまり、残りの3分の2のパフォーマンスを上げるには、睡眠の質を上げることがとても重要になります。

　エフェクトは寝具・インテリアメーカーとして、今後も多くの方がより幸せな人生を送っていただけるように、人々の幸せに快適な睡眠を寄与できる事業展開や啓蒙活動を続けたい。

　そのためにも「こんな眠りが欲しかった」をかなえる企業として、"世の中になかった新たなモノづくり"に挑戦し続けていきたいと思っています。

　製造卸がメインですが、通販もしており、その際にテストマーケティングを活用してクラウドファンディングを実施しました。

キャッチコピーのポイントやプロジェクト紹介の流れは以下の通り
です。

【キャッチコピーのポイント】

綿100%なのにヒンヤリした寝具。吸水性に優れ、肌に優しくサ
ラッとした肌触り

1：化繊（ポリエステルやナイロン）素材が苦手な方、肌の弱い方
にオススメ。

2：スピードクールコットンは綿100%の力で、汗をかいても吸水
性に優れている。

3：プロジェクト終了後、7月21日、7月22日に発送予定

●プロジェクトの概要

冷感寝具でこんなお悩みありませんか？

●製品の特徴

コットンなのにヒンヤリする秘密は……。

●得られるメリット

・綿100%は、天然繊維の持つ吸水性で、肌に優しくサラッとした
肌触りが特徴。

・しかも、ご家庭の洗濯機で簡単に丸洗いOK。

●製品仕様・スペック

●スケジュール

●リターン

●会社の説明

　一般的な流れですが、この事例では300名、1,085,282円のサ
ポーターが集まりました。

　お届け日が明確に記載されているので、寝苦しい時期に最適なアイ

テム候補になったのは言うまでもありません。

　同社は自社サイトも機能別、お悩み別、などと別れており検索性に優れています。具体的には、悩み別は、「腰の痛み」「肩の痛み」「首こり」「眠りが浅い」「いびき」「冷え性」「多汗症」「あせもでお悩みの方」など。

　ブランド別は、「掛け布団」「掛け布団カバー」「枕」「マットレス」「マットレスストッパー」「ホルミシス効果」「お買い得なセット」など。

　さらに掛け布団を探す際は、「機能で選ぶ」「素材で選ぶ」「サイズで選ぶ」などと、複数の検索方法で探すことができます。

03 クラウドファンディング 成功のポイント②事前告知

②事前告知 ―ソーシャルセリングを活用―

　クラウドファンディングを成功させる2つ目のポイントは事前告知です。事前告知に有効な方法がソーシャルセリングです。ソーシャルセリングとは、Facebookなどの個人アカウントにつぶやき投稿することを指します。

　例えば個人のFacebookページにクラウドファンディングのプロジェクト内容を投稿して、その反応を見ながら個別にメッセンジャーで返し、見込み客との関係を築いていく手法です。そして購買や契約などの具体的な行動を起こさせます。無料でできて、とても有効な方法です。

　ソーシャルセリングの原則は下記の通りです。

ソーシャルセリングの3つの原理原則

　SNSを利用して販売促進を行う方法には「ソーシャルマーケティング」もあります。ソーシャルマーケティングとソーシャルセリングは似ていますが厳密には違います。違いは下記の通りです。

●ソーシャルマーケティング

SNSを通して多数の潜在顧客（自社の商品やサービスを知らない顧客）にアプローチし、自社商品（サービス）の認知度を高めること。潜在顧客の育成と購買の促進を目的とします。

●ソーシャルセリング

SNSを利用した営業活動のことで、見込み客と直接1対1で個別メッセージを通じて信頼関係を構築すること。購買や契約・無料セミナーなどの具体的な行動につながることを目的とします。

ソーシャルセリングの手順

ソーシャルセリングの基本は、SNSアカウントのプロフィールを最適化し、見込み客に向けて自社の情報をコツコツと発信することです。丁寧なやりとりを通して、見込み客とのお互いの信頼関係を構築することを目標にしています。具体的な手順は次の通りです。

●手順1：プロフィールの充実

まずは個人アカウントを作成した後、プロフィールを、発信するコンテンツに相応しいものに最適化します。

プロフィールの最適化とは、自社の見込み客が見ることを想定して整えることです。アイコン写真、プロフィール文、見込み客が欲しがる情報を盛り込んだプロフィールを作成してください。

●手順2：情報を発信する

プロフィールを整えた後は、見込み客に向けて自社にまつわる情報を発信します。ただし、発信のみに集中していると逆効果です。コメントバックを忘れないことです。投稿は次のような感じで、ゆるい投稿を

してみます。

> ついにステマ規制がスタートしました。NG表現や対策、事例などをまとめてお話ししようと思っていますが、興味がある人いますかー？　ある方は「興味あり」とコメントで教えてください。

　上記のように情報発信することから始めます。具体的には、「○○について、興味がある方はいますか？」というつぶやきをSNS上で発信することです。

　ちなみに、これだけの投稿で71件の「いいね」と55件の「コメント」・シェア1件発生しました。

　この投稿をきっかけに関係性を築いてヒアリングを開始してください。つぶやき投稿において、興味を引くタイトル作成法があります。次の5つを参考に考えてみてください。

> 【興味を引くつぶやきタイトル作成法】
> ・「あなたの〜」から始める
> ・コンプレックスを刺激する
> ・タイトルの最後を「〜の方法」「〜の理由」にする
> ・有名なキャッチコピーをマネる
> ・売上アップやノウハウに関することに興味がありますか？

●手順3：見込み客との交流

　この投稿に対してコメントをくれた方に個別で返信していきます。**このやりとりこそ個別対応の強みになります。個別のやりとりでは、ターゲットになる人の悩みや興味があることを引き出します。**

　なお多数の人に対してメッセンジャーで一斉送信すると、アカウントが停止される恐れがあるので注意が必要です。

【相手の関心を引き出すための5つのポイント】

・聴き役に徹する

・これまでの頑張りを褒める

・困り事がないか聴く

・労いの言葉を投げ掛かる

・興味を引きそうなワードを投げてみる

　情報発信と並行して、見込み客とのオンライン交流も行いましょう。自社商品に興味を持ってくれそうな見込み客と出会ったら、相互フォローをする投稿に「いいね」やコメントバックをします。定期的なアクションを重ねて単純接触効果を図ってください。ちょっとした交流を長く続けることで、好意的な印象を持ってもらえます。

　相互フォローしたからといって、信頼関係を構築する前にいきなり「うちの商品を買ってください！」などのDMを送ってはいけません。こういう行為は、知り合ったばかりの異性にいきなり告白するのと一緒で、成功確率が低いばかりか、逆に嫌がられてしまいます。画面の向こうにいる「人」と交流していることを意識して、信頼関係の構築と維持を目指します。

●手順4：信頼関係をベースにしたアクション

　見込み客と信頼関係を築いたタイミングで、さらに具体的なアクションにつなげます。個別に案内メッセージを送るのです。案内を受け取った見込み客が、自社サービスや製品に興味を持ってくれたら、期間限定サービスや無料イベントを通して無料のフロントエンド商品を提供します。

マンゴースイーツ専門店「おきぽたショップ」のつぶやき投稿例

　では、実際にどのようにソーシャルセリングを実施するのか、沖縄県名護市のマンゴースイーツ専門店「おきぽたショップ」（藤田社長）の事例を踏まえて説明します。このお店では、マンゴーを主力として、地元農家さんが生産した食材を仕入れ、自社でスイーツに加工し販売しています。

　この事例は新型コロナウィルス感染症が拡大し、感染を避けるための「新しい生活様式」が広がりはじめていた時の事例です。当時の消費者には、「楽しみたい、でも迷惑はかけたくない」という心理がありました。

　そこで、次のようなテーマ、ポイント、キーワードを策定しました。

【テーマ】
直接インターネットに顧客を呼び込む導線づくり
【ポイント】
既存のお客様から直接お客様を紹介してもらうことをネットですすめる
【キーワード】
　#緊急SOS
　#巣ごもり消費（家でできる）
　#買って応援・食べて応援
　#オンライン〇〇
　#今だからできる
　#地域活性化
　#女性進出

　では、藤田社長はどのようにSNSで発信したのでしょうか？

Facebookでの投稿をご紹介します。

【小さなお店を助けてください！】

　皆さん、初めまして。沖縄県名護市でマンゴースイーツ専門店（https://okipota.com/）を営んでいる藤田梨恵と申します。

　スイーツの原料となるマンゴーは、夏場に大量に仕入れ、1年かけて少しずつ使い、スイーツを製造し、店舗をはじめ、県外百貨店などでの物産催事にも多数出展しています。

　緊急事態宣言が発令されても、4月まではなんとか売上が上がっていました。

　ところが毎年多くの集客が見込めるGWは全日店舗休業、関東関西での物産展は中止。

　行き場を失った商品、在庫を抱えています。

　このまま自粛期間が続くと、今年7月に農家さんが収穫するマンゴーを買い取れなくなってしまう二次被害まで出てきます。

　私たちがいる沖縄県名護市という地域は、農家の方々を始め、個人事業の小さなお店が多く、1円でも経済活動を循環させることに使命を感じ、こちらに掲載させていただきました。

　どうか皆さんのお力を貸してください！

※以下、「商品名」「商品内容・説明」「原材料」「アレルギー表示」「金額」「在庫数」「賞味期限」「注文方法」「送料・配送方法」などを記載。

　なんと、この投稿ひとつで120万の「#買って応援・食べて応援」が生まれました。

　実は藤田社長は、この投稿をする前に、「糖度計で測定しなくても、外側だけ見て甘いとわかるマンゴーをいっぱい仕入れているのに、誰

からも喜ばれない……」というようなメッセージを発し、顧客の「買って応援しよう」というアクションにつながるような導線も用意していたのです。

ここでのポイントは、「既存顧客から顧客を呼び込む導線づくり」です。なぜ既存顧客から顧客を呼び込むことに注目したかというと、新規顧客は獲得コストが高いにもかかわらず、利益率が低いからです。

新規顧客の獲得以上に、既存顧客の維持が重要であるという考え方は、「1：5の法則」と呼ばれます。新規の顧客を獲得するには、既存顧客の5倍のコストがかかるという意味です。

> ・新規獲得費用（CPA）＜年間の顧客生涯価値（LTV）

つまり、催事に来ていただいた顧客との信頼関係があり、目には見えない信用残高があることで、不況時にもファンの支持を得られたのです。

既存顧客をオンラインへ誘導する方法

このマンゴー専門店のケースでは、本業の営業時間外を活用した朝市の開催やインターネットを通じた販売促進などの工夫が見られます。既存顧客をオンラインへ誘導するためには、以下の4つの手法が効果的ですので、実践してみてください。

> ①まずは、Zoomで座談会などを実施し、直接話す
> ②市場調査などで悩みや望みを抽出する
> ③Facebookで商品案をつくり、アンケートを実施
> ④個別に声をかけ「お試し販売」をする

このような取り組みを行う際によくあるのが、既存顧客をオンラインに誘導し、売上のみにフォーカスして終了、もしくは、このパターンに味を占めて複数回実施して、レスポンスが落ちて終了となってしまうケースです。

　そのような失敗をしないためには、顧客の感想を擬態語・擬音語を含めて文字化、分析するなど、リアルからオンラインに大きくシフトするための意図的な戦略が必要になります。オンラインに適した環境に、自社の商品やサービスをマッチングさせるスキルを意識して使うか否かで、結果が大きく異なってくるのです。

既存顧客をオンラインに誘導する

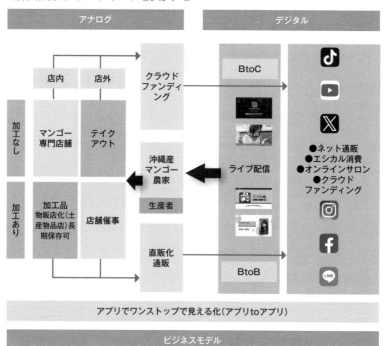

04 クラウドファンディング 成功のポイント③支援者へのリターン

③支援者へのリターン ―価格戦略は「松・竹・梅」―

　クラウドファンディング成功のポイント3つ目は、「支援者へのリターン（価格戦略）」です。クラウドファンディングにおけるリターンとは、支援者（出資者）に商品やサービスをお返しすることです。リターンは、未発表の新しい商品やイベントの参加権など、内容はプロジェクトの実行者によって異なります。

　クラウドファンディングを活用したテストマーケティングの重要なポイントは、達成率と達成人数です。なぜなら、クラウドファンディングで支援者になってくれた人が、自社サイトを展開した時の顧客になる可能性が高いからです。

　クラウドファンディングを成功させる理想のリターン戦略は、テストマーケティングの最大の命題です。リターンの設計では「価格帯」「種類」「ユニークさ」がキーワードになります。価格を決定する際には、基本的には3つの価格帯「松・竹・梅」を準備します。

①価格帯

　価格帯の設定はクラウドファンディングの成否を決定づける要素と言っても過言ではありません。極端な例ですが、10,000円のリターンと50,000円のリターンしかない場合、どれだけそのプロジェクトやリターンが面白いものでも成功することは厳しいでしょう。

　プロジェクトはあくまでも「クラウド＝群衆」から支援を得られるも

のでなくてはなりません。一般消費者から「買って応援しよう」（エシカル消費）と思ってもらえるような企画を立てることを忘れてはいけません。

　よって、「人数を集めやすい価格帯」と「金額を達成するためのリターン」とに分ける必要があります。

②**種類**

　種類は多いほうが良いのか少ないほうが良いのか、見解が分かれるところです。

　「ジャムの法則」（コロンビア大のシーナ・アイエンガー教授によって提唱された法則で、選択肢が多すぎると、選ぶことに困難を感じてしまう心理作用のこと）では、選びやすい数は最大9個と言われています。

　ちなみに調査データでは、選択肢は5〜9（7±2）が最適だそうです。ここでいう「最適」とは、人が自信を持って選ぼうという気になって、選択した結果について満足できる数のことです。つまり、選択肢を増やしても、かえって選びづらくなる可能性があるのです。

　私がおすすめしているのは、3つの価格帯セットに超早割価格・早割価格などの割引率を入れて、製品アイテムを増加させるのではなく、アイテムは同じまま価格帯を分解する方法です。

　つまり、「松・竹・梅」3セットを用意してそれぞれに超早割価格・早割価格（個数限定）・通常価格を設定する方法です。

　1アイテムでクラウドファンディングを実施するより、ブランドや世界観を重視した展開のほうが応援感も生まれやすいといえます。そこで、あえてセット組みをすることをおすすめします。

　自社の製品が1アイテムしかなく、自社で新たな製品を開発するこ

とが難しい場合は、他の店舗から調達するのもいいでしょう。

　自社の世界観に合うアイテムを扱っている企業を見つけ、「クラウドファンディングの特典として御社の製品をプレゼントしたい。まとめて○個購入するので販売してもいいですか？」といったお願いをして了承を得るのもいいでしょう。「メディア露出もするので御社にとってもPRになりますよ」と提案すれば断られるケースはかなり減ります。

　クラウドファンディングはあくまでも、実際に市場で受けるか否かのテストの場なので、上手に利用してみてください。

SNSでテストして価格を探る

　価格の妥当性がわからない場合は、SNSで事前にテストすると良いでしょう。「Chapter3 ドライテストを実施する」で解説した感情価格決定法を使い、40名に対してアンケートを実施することをおすすめします。

> ●ちょっと高いと思う(思い始める)価格
> ●ちょっと安いと思う(思い始める)価格
> ●高すぎてとても手が出ないと思う(思い始める)価格
> ●安すぎて品質を不安に思う(思い始める)価格

を、調査します。回答は、商品特長やパッケージ、スペックなどの情報をより詳細に伝え、具体的な価格を数値データとして回答してもらうことが望ましいですが、これまでにない新しいコンセプトやカテゴリの新商品であるような場合は、市場導入時の想定価格を含む選択肢をあらかじめ用意しておいたほうが、回答に外れ値が少なくなります。これらのアンケートはコンセプトを発表して、イメージ画像も追加して取得してみてください。

ファン度（次項で解説）ごとに、企業やブランドの「機能価値」「情緒価値」「未来価値」を数値化して示し、価値はそれぞれを構成する因子ごとに（例.機能価値は「価格」「利用」「品質」）分解して数値化することで、どこが企業やブランドの強みであるかを把握することもできます。また、「推奨意向」「継続意向」「探求意向」など、未来へ向けた感情も数値化して示すことも可能です。

企業・ブランドが積み上げているもの

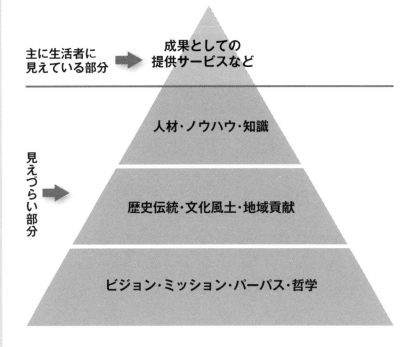

05 ステップ❺ ファン度テストを実施する

ファン度(プレファレンス)とは

　ファン度とは、消費者のブランドに対する相対的な好意度のこと。プレファレンスとも言います。

　例えば人が「ビールが飲みたい」と思った時、頭の中に思い浮かべるビールの銘柄は何でしょうか。アサヒ・スーパードライか、キリン・ラガーか、サントリー・モルツか、人それぞれ異なりますね。どの銘柄(ブランド)を真っ先に頭に思い浮かべるのか、その決め手となるのがプレファレンスです。

　消費者のプレファレンスは以下の3つの要素で決まります。

●ブランド・エクイティ(消費者がブランドに持つイメージ)
●価格
●製品パフォーマンス(機能や性能)

　「そのブランドが好き」「価格帯がちょうどよい」「製品の機能が優れている」といった要素で好意度が決定するということです。

　例えば1000万円の自動車でも、BMW、アウディ、メルセデス・ベンツ、ポルシェなどいろいろなブランドがあります。どのブランドの自動車を欲しいと思うかは、消費者のプレファレンスによって変わります。

　消費者は誰しも「エボークト・セット(想起集合)」を持っています。

エボークト・セットとは、「○○といえば△△」というブランドと商品のセットのこと。例えば、「高級スポーツカーといえばBMW」「牛丼といえば吉野家」のように、消費者が商品・サービスの購入の意思決定をする際に、頭の中の候補に挙がるブランド群のことを指します。

別の言い方をすれば「脳内SEO」ですね。「高級スポーツカーといえば」と考えた時に、脳内でどのブランドがトップに来るのかということです。

商品が購入されるのか、されないのか。その確率は消費者のプレファレンスに基づいて決まります。通販事業者としては、**何らかのポジションで、消費者の脳内SEOのトップを取ることが非常に重要**です。脳内SEOのトップを取れれば、購入確率が上がるということです。

プレファレンスの向上というのは成功のスパイラルの大きな鍵です。プレファレンスが上がるということは、消費者の脳内に「○○といえば△△」が組み込まれているということ。そうすると、他社商品と比較されることなしに買われることになります。

その結果、売上が伸び、市場のシェアが高まります。プレファレンスが上がることで経営効率も上がります。経営効率が上がれば、またプレファレンスを高めるために投資を行えることになります。

このような良い循環を生み出すためにも、プレファレンスを上げることは非常に重要です。

ファン度を測定する

ファン度には、「愛」・「知識」・「売上」・「奨励」の4つの項目があり、特に、知識や愛の部分は影響度が高いことに注目してください。いわゆる、「推し活」に近い状況なのでファン度は高いです。

ファン度（プレファレンス）を測定するには、クラウドファンディングで実際に商品を買ってくれた顧客約40名を対象に次のようなアンケートを実施します。

①「あなたがこの企業（商品、サービス、ブランド）を友人や同僚に薦める可能性は、どのくらいありますか？　0点から10点で評価してください」

②「この商品・サービスに対する好意度をお聞かせください」
・人に紹介するほど大好き
・大好き
・好き
・まあまあ好き
・好きでも嫌いでもない
・あまり好きではない
・実は好きではない

一番目は、顧客ロイヤルティを測る指標「NPS（ネットプロモータースコア）」で行う質問と同じ内容の質問です。NPSでは、9〜10点を付けた人を「推奨者」、7点・8点を付けた人を「中立者」、0〜6点を付けた人を「批判者」と分類します。

そして、回答者全体に占める推奨者の割合から、批判者の割合を差し引いた数値をNPSの値とします。

・推奨者の割合（%）−批判者の割合（%）＝NPS（%）

例えば、推奨者が30%、批判者が50%なら、NPS値はマイナス20%となります。大企業などが行う調査では、NPSはマイナスになる

ことが多いです。

　しかしここでは、そもそもクラウドファンディングで自社の商品コンセプトを知った上で買ってくれた顧客に対してアンケートを実施するので、NPSはプラスになることが当然です。**NPS＋30％を1つのKPIに置いていいと思います。**この段階でのファン度テストで＋30％を突破する商品でなければ、一般販売した時に大きく売れる結果とはなりません。

　＋30％に達していなかったら、どこかに問題があると考えて、コンセプトや商品・サービス、打ち出し方を変えなければなりません。

06 ステップ⑥
リリースする

プレスリリースを出そう

　ステップ⑤までを終えたら、いよいよ「ステップ⑥　リリースする」です。発売と同時にたくさん売れるようにプレスリリースを配信しましょう。お金をかけずPRする手法がプレスリリースです。プレスリリースの効果は以下の通りです。

・メディア露出（メディアで取り上げられ、知名度向上に寄与する）
・特定の対象層に情報を届ける。
・オーガニックなSEO向上（オンラインでの可視性を高め、トラフィック増加に寄与）
・ブランド認知度向上（ブランドや製品情報の拡散）

プレスリリースの手順

　プレスリリースを出す手順は下記の通りです。

①定期的な情報発信に備えて常に情報を収集する
　自社の商品やサービス以外にアンテナを張っておくことが重要です。なぜなら、脳の処理する構造上、自分に興味関心がないとネタとして情報が入ってこないからです。

この効果は「カクテルパーティ効果」と呼ばれています。自分が興味のあるものだけが目に入り、それ以外の情報が全く意識に入ってこないことを指します。例えば、カクテルパーティで他の人と話しているとき、自分が興味のある話題に集中してしまい、他の人が話している内容を聞き逃してしまうことがあります。これは、人間の脳が情報を処理する方法のひとつであり、注意力や集中力に関係しています。

②プレスリリースを配信する目的を明確にする

よくある間違いは、プレスリリースを配信する目的を、「売上アップ」や「認知拡大」といったザックリした目的にしてしまうケースです。メディアにより多く取り上げてもらうためには、製品・サービスを前面に出すのではなく、「ワクワク・ドキドキする」「役に立つ」といった情報を提供することが重要です。

例えば株式会社ボディスプラウトは、「女性の約9割が『反り腰』」というテーマから、腰痛や女性特有の不調の原因に姿勢の専門家が考案した「たった3つ・10秒でOKの『反り腰改善プログラム』」をプレスリリースし、Yahoo!トピックスに取り上げられました。

③送付するメディアを選定しリストをつくる

PR会社に依頼をすると良いかと思います。その中で送り先も選定が可能です。なお、過去名刺交換やリアル勉強会などで会った方も含めてリスト化して送付可能な状態にすると幅が広がり、初動の動きとしては有効施策を打てるようになります。

④プレスリリースを作成する

プレスリリースを作成します。プレスリリースはヘッダー・タイトル・リード文がとても重要です。自社がアピールしたいことではなくメディアにとって役に立つ情報であることが最優先事項になります。

プレスリリースの書き方を学べる書籍がいくつも出ているので参考にしてみてください。それらを読んで基本を押さえるだけでも掲載確率は上がります。

⑤わかりやすい画像を用意する

プレスリリースに掲載する画像を用意します。ネット通販でチカラを発揮するのは、写真力です。掲載画像は、

・メディアに取り上げられやすい
・Web上で閲覧されやすい
・魅力や情報が伝わりやすい

がポイントです。

プレスリリースを象徴する1枚の画像は「メインビジュアル」「アイキャッチ」などと呼ばれます。このメインビジュアルは、配信サービスの一覧ページや、SNSで拡散されたときのサムネイルとして表示されます。

メインビジュアルによって注目を集め、「もっと読みたい」と思わせることができれば、その後の閲覧につながります。

・十分なサイズ・解像度がある
・複数パターン用意されている
・企業イメージや全体感・利用シーンが伝わる

といったことも、大きなポイントです。

⑥問い合わせに備える

お問い合わせ情報は必須です。何を書いておくべきかといった基本

情報を紹介しておきます。「お問い合わせ先」を書くときの注意点は次の3点です。

- ・窓口をしっかり設ける
- ・連絡手段は複数設ける
- ・記載情報は誤りのないようにする

⑦最終チェックを行う

　一度プレスリリースサービスに登録したら変更は不可能です。恥ずかしい思いをしないためにも、誤字脱字のチェックを必ず行ってください。社内の複数人でダブルチェック、トリプルチェックするとなお良いでしょう。

⑧プレスリリースを送付する

　プレスリリースをメディア各社に送付します。送付方法には大きく3つあります。

●プレスリリース配信サービスを利用する

　多くのメディアに少ない労力でプレスリリースを配信できます。

●面識のある記者やディレクター個人に直接送る

　実績がゼロの時はできませんが、実績がいくつかできた後は、過去にやりとりをしたことのある記者やディレクターに直接プレスリリースを送付してもいいでしょう。

●記者クラブに投げ込みをする

　Yahoo!トピックスに掲載される確率が高いやり方に、記者クラブに投げ込みをする方法があります。民間団体内(東京地域)に設置され

た記者クラブなどで情報収集することをお勧めします。

⑨さまざまな指標を用いながら効果

「どのメディアに掲載されたのか？」を収集し、「広告換算するといくらになったのか？」を指標にするのもいいでしょう。

プレスリリース配信サービスの選び方・使い方

プレスリリース配信サービスはいくつかあります。私のお勧めは「PR TIMES」（https://prtimes.jp/）ですが、もちろん他のサービスを使っていただいても問題ありません。プレスリリース配信サービスを選ぶ際のポイントを、以下に説明します。

●プレスリリースの目的と配信範囲を明確にする

どのようなニュースをどれだけの範囲で共有したいかを考慮します。雑誌が〇冊・Web記事が〇件・テレビが〇件など、効果を計測できるサービスが良いでしょう。直接掲載だけではなく間接掲載や二次掲載もあるので併せてピックアップをしてください。

●配信サービスの比較研究を行う

複数のプレスリリース配信サービスを比較し、それぞれの特性を把握します。

例えば、「PR TIMES」は国内シェアNo.1のプレスリリース配信サービス。東証プライム企業のベクトルグループが運営しています。日本経済新聞・産経新聞・朝日新聞・Yahoo!ニュースなども利用しており、大手メディアへの露出が期待できます。また、他のメディアへの自動掲載や自社保有のSNSアカウントで掲載するなど、その他のサービスも充実しています。

テスト配信機能があるか、効果測定ツールがあるかなども検討項目といえます。ネット上のレビューや評価も参照して比較検討してください。

●予算を確認する

配信にかかる費用を確認し、どの程度の予算をかけるか決定します。

「PR TIMES」は、従量課金プランが1配信につき30,000円（税抜）。月30件まで配信できる定額プランは、年間契約なら70,000円（税抜）、月間契約なら80,000円（税抜）となっています。（2023年10月現在）

「アットプレス」（https://www.atpress.ne.jp/）では、初回限定の割引チケットも用意されています。

●配信サービスを選定する

全ての情報を総合して最終的にサービスを選びます。本配信の前には必ずテスト配信を行いましょう。月に1回企画を立案し、そのたびにプレスリリースを出すようにすると、SEO的にも効果的です。

オフラインの店舗も活用しよう

インターネットで商品を販売するミニマム通販ですが、商品発売の際はオフラインの場も積極的に活用しましょう。

●交流スペースなど地域の媒体・場を活用

地域に密着した媒体や活用場所がないかどうか探してみましょう。商品を置いてもらえれば有効です。例えば、沖縄県名護市の「ココノバ」は、市民の交流スペースですが、勉強会や各種イベントも実施さ

れ、即売会なども開催されています。

　実際ここをアンテナショップ的に、使い商品を置いてもらったこともありました。ITに強い若い方が多く、事業売却後にいわゆるノマド的な人生を送っている経営者も多く集まっています。

●店舗と連携する

　自社店舗や商品を置いてもらっている販売店のスタッフと意見交換を行い、効果的な方法を模索します。

　キッチン用固形洗剤・キッチン雑貨の製造と販売を行う「ダイニチ・コーポレーション」は、2022年4月のクラウドファンディング実施を機に、自社ブランド「ao」の認知を拡大する試みの中で、店舗の世界観を共有できるお店を探していました。

　そんな中で、埼玉県熊谷市の「のうカフェ」と知り合いました。のうカフェはテレビ朝日『人生の楽園』などのテレビ番組でもしばしば紹介される、地元の農業を元気にしたいという思いを持って、地産地消の食材を使ったこだわりの「母めし」を提供している食堂です。

　aoはこの「のうカフェ」とコラボし、自社アイテムを取り扱ってもらっています。

●店内イベントを企画する

　プレスリリースに関連する店内イベントを企画するのも良いでしょう。その際は遊び心も大切です。「遊び半分」「軽い気持ち」「いい加減」「面白半分」「ユーモア」「茶目っ気」「洒落っ気」を軸にキーワードを入れ込んだ企画をぜひ、考えてみてください。

　例えば2023年9月、東海道新幹線のなかで行う「新幹線プロレス」が大変話題になり、多くのメディアで紹介されていました。一般販売されたチケット（東京〜名古屋間で17,700円〜25,000円）75席が販売開始30分ほどで売り切れたそうです。このような遊び心ある企

画で話題を集め、テレビで放映されると高いPR効果が得られます。

●ポスターやパンフレットを作成する

　店舗での告知に使用する資材を作成しましょう。総合ディスカウントストア「ドン・キホーテ」の新しい業態「ドミセ」の取り組みが参考になります。ドミセでは、ドン・キホーテのプライベートブランド「情熱価格」の中でも選りすぐりの商品や、情熱価格以外のオリジナルブランドを多数展開する店です。

　面白いのは、「ドすべり」「ドップ10」「ドこたえ」「ド試し」などのコーナーを設置しているところです。プライベートブランドが全く売れなかったことをネタ（コンテンツ化）にし、悪いところも全てさらけ出して、顧客を巻き込んでいます。店内は手書きPOPで満たされていてワクワクした楽しさがあります。

●効果測定する

　店舗での反響を測定する方法を設定します。効果測定後に、改善点を洗い出すことも重要です。

ティザー広告を実施する

　ティザー広告を活用するのもいいでしょう。ティザー広告は、短いメッセージやイメージを使って新しい情報を謎めかせ、興味を引く広告形式です。詳細情報は後日提供され、人々に関心を持たせます。通常、ティザーキャンペーンの一環として使用されます。

　「チラリとしか見えなかったものの全体像を知りたい」、そんな人間心理をうまく利用することがティザー広告の狙いです。じらされた消費者は断片的にしか得られなかった情報を補完するために進んで行動を起こすでしょう。

　友人に意見を求めたり、不特定多数の人に対して情報を拡散したりすることが期待できます。そうすることで、より多くの興味・関心を惹きつけることになります。

　ティザー広告の基本的な戦術は、2つあります。

●情報を小出しに少しずつ提示する

　完全な情報を提供せず、視聴者に興味を持たせるために一部の情報だけを公開します。これにより、人々は詳細を知りたくなり、一歩を踏み出す動機が生まれます。例えば、意味ありげなシルエットやキャッチコピー、発売予定日すらもティザーの材料となります。

　人気のある作品（漫画や小説）の映画化であれば、登場人物を時間差で1人ずつ提示していくような手法もあります。原作ファンであれば、ファンだけがわかるようなキーワードを提示することもあります。

　熱狂的なファンが存在する作品やメーカーの商品であれば、彼らが勝手に解説してくれることも少なくないので、それまでは無関心だった一般層への「布教」の効能もあります。

　小出しにするもうひとつの効果は、宣伝戦略の軌道修正がしやすいことです。SNSなどで流布される反応や感想を元に、情報の投下タイミング、告知イベントの方向性など、当初の計画に対して柔軟に修正が加えられます。

●情報を出しつつ宣伝戦略の軌道修正を行う

　男性向け商品として準備していたが、ティザー広告を出した結果で女性も反応することがわかれば、そちら向けのプロモーションも検討する、といった感じです。時間をかけてじっくりと、発売前・公開前に向けて盛り上げていくのが、ティザー広告の真骨頂といえます。そうすることで目標層を特定し、ティザー広告の対象となる顧客層を明確にします。当然、顧客層が見えてくる内容（コンテンツ）もフォーマットも決

定していきます。

クラウドファンディングと合わせたプレスリリースの事例

　最後に、クラウドファンディングとプレスリリースを組み合わせた事例を紹介します。先ほども登場したダイニチ・コーポレーションの事例です。

　同社は新D2C事業であるキッチン用品ブランド「ao」のプレ販売を、クラウドファンディングサイト（Makuake）にて実施しました。そしてクラウドファンディングの開始にあたり、PR TIMESでプレスリリースを配信しました。

　さらに、クラウドファンディングを実施した結果、「達成率550%、サポーター数560人で終了」と大成功に終わったこと、自社D2Cサイトで商品を販売開始することを、再びPR TIMESで配信しました。

　このように連続で配信することで、話題になっている様子が伝わり、メディア関係者の興味を引くことが期待できます。ぜひ参考になさってください。

●クラウドファンディング開始前のプレスリリース
「女性1,500人の声を反映したサスティナビリティな「新・食器用やわらか固形洗剤」が新登場！」
https://prtimes.jp/main/html/rd/p/000000001.000097106.html

●クラウドファンディング終了後のプレスリリース
「たった2時間49分で目標金額100%達成し、最終達成率550%」
https://prtimes.jp/main/html/rd/p/000000002.000097106.html

chapter

5

ミニマム通販で
成功した
企業たち

〰〰〰〰〰〰〰〰〰〰〰〰〰〰〰

　このチャプターでは、実際にミニマム通販に取り組んで成功した企業・人の例を紹介します。取り扱う商品もターゲット層も自社とは異なるかもしれませんが、コンセプトづくりや販売方法などは大いに参考になるはずです。

01 成功する企業に必要なビジョン

〰〰〰〰〰〰〰〰〰〰〰〰〰〰〰

コミュニティの目的や目標を明確にする

　CRM（顧客関係管理：Customer Relationship Management）を推進しておくと、より優良な顧客との会話や対話が生まれてきます。そうすると次は、より大きな仲間を構築しようと考えます。その第一歩がファンコミュニティです。

　成功した企業がこっそりと実装している取り組みでもあります。今回は第一歩として、8つのステップで概要を解説し、さらに具体的な事例をご紹介します。

　ミニマム通販で成功した企業のコミュニティ作成はビジョンを掲げることになります。そしてコミュニティの目的や目標を明確にすることが第一歩になります。

　例えば、地域の祭りをつくることを目標に掲げる場合、その祭りがどのようなものであるべきか、どのような価値を提供するのかを考えます。

　これはコミュニティの指針となるため、具体的で魅力的なビジョンが重要です。

❶ストーリーを語る

　コミュニティのビジョンを共有し、人々を惹きつけるには、説得力のあるストーリーが必要です。

このストーリーは、コミュニティの目標や価値観を反映している必要があります。

ストーリーテリングを通じて、人々に感情的なつながりを持ってもらい、参加への興味を引き出します。

❷初期メンバーを募る

LINEのようなソーシャルメディアを活用して、初期メンバーを募集します。この段階では、コミュニティのビジョンとストーリーを共有し、共感を得られる人々を集めることが目的です。

初期メンバーはコミュニティの基盤を形成するため、熱心で情熱的なメンバーを選ぶことが重要です。

❸初期メンバーを口説く

潜在的なメンバーにアプローチし、コミュニティのビジョンを共有し、参加を促します。彼らがコミュニティにどのような価値をもたらすか、また彼らがコミュニティから得られるものは何かということを明確に伝えます。

❹コミュニティの名前を決定

コミュニティの名前は、そのアイデンティティを表す重要な要素です。名前はビジョンや目的を反映し、覚えやすく、魅力的である必要があります。

メンバーと一緒にアイディアを出し合い、最終的な名前を決定します。

❺役割と責任の明確化

コミュニティ内での各メンバーの役割と責任を明確に定義し、それぞれがコミュニティにどのように貢献するかを理解させることが重要

です。これにより、効率的な運営とメンバー間の調和を促進します。

　定期的なミーティングとコミュニケーションの維持やオンラインでのコミュニケーションを通じて、メンバー間の情報共有とつながりを保つことが重要です。例えば、曜日や時間などは初期メンバーと一緒に決定していくと良いでしょう。これはメンバーがコミュニティの関与し続けるための鍵となります。

❻イベントの企画と実施

　コミュニティの目的に沿ったイベントや活動を企画し実施することで、メンバー間の絆を強化し、コミュニティに新たな価値を提供します。イベントはビジョンを体現し、外部からの関心を引きつける機会でもあります。

　大きなポイントは、ワクワクすることです。実行部のほうがワクワクしないと、しらけてしまいます。

❼フィードバックの収集と評価

　メンバーからのフィードバックを定期的に収集し、コミュニティの活動や運営を改善するための評価を行うことが重要です。

　これにより、コミュニティをメンバーのニーズに合わせて進化させることができます。

　評価は、サイトやメルマガ・LINEなどに記事を作成し公開することから始めてください。

❽持続可能性と成長の計画

　長期的な視点を持ち、コミュニティの持続可能性と成長戦略を計画します。

　資金調達、新しいメンバーの募集、パートナーシップの構築など、コミュニティを支えるさまざまな要素を考慮します。

トップダウンのコミュニティでは継続することができないので注意が必要です。

これらの追加のステップにより、コミュニティはより強固で活動的なものになり、メンバーの参加と貢献を促進することができます。

売上拡大や人に紹介してもらうことを目的に焦点を当てるとだんだんしらけて形骸化してくるので、最初にしっかりルールを作成し、ワクワクする企画を一緒につくるイメージで進めてください。

社会課題や地域課題にフォーカスし、コンセプトが共通するヴィジョンになるように大きく取り組んでください。最初のメンバーは2名から3名と少ないですが、この段階からしっかり向き合うことでだんだん人数も活動も見えてきます。

また、会社のメンバーと一緒に関わりたい、社会と関わっていたいというニーズを満たしてくれますので最初の第一歩はとても重要です。

だからこそ、売上や利益を目的としていない目標設定はとても重要です。

キーワードとしては、

・健康
・地域活性化
・少子高齢化
・インバウンド
・円安

など、ある程度の社会人が知っているテーマから探ってみてください。

ファンを育てる2ステップマーケティング

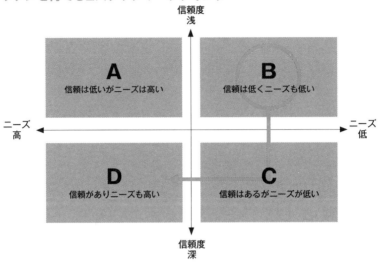

ジョーイ・コールマン／上川典子訳『100日ファン化計画』（ダイレクト出版）より

優良顧客からの熱狂的なファンへの道筋

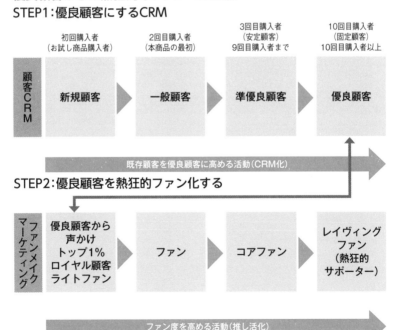

02 事例❶ ユーザーを巻き込み、共創するインフルエンサー

ショッピングを双方向なものに変えるライブコマース

　機能的な価値提供だけで通用する通販は過去のものになりました。**ファンとの積極的なコミュニケーションを通じてファンを巻き込み、その意見を聞きながら商品・サービスの品質と顧客の満足度を向上させていく、そんな手法が新しい時代の通販では主流になりつつあります。**それが商品の魅力を伝えるだけでなく、顧客の声を直接受け入れ、商品に対する信頼性と関与を高めることにつながります。

　もちろんミニマム通販でも同じような方向性を取り入れることが有効です。

　そこで注目したいのが、ライブコマース（Live Commerce）です。ライブコマースとは、リアルタイムでのオンラインライブストリーミングを活用して商品やサービスを宣伝・販売するビジネスモデルのこと。

　通常、商品やサービスの販売者がライブビデオを通じて製品のデモンストレーションや説明を行い、視聴者は直接チャットやコメントを通じて質問したり、購入手続きを行ったりできます。

　ライブコマースは、ソーシャルメディアプラットフォームや専用のアプリケーションを使用して行われ、顧客との対話とリアルタイムな購買体験を提供します。

　この形式は、オンラインショッピングをより双方向なものに変える

手段として注目されており、特にアパレル、美容、食品、エンターテイメントなどの分野で広く利用されています。

15分で1,900万円の売上を達成したライブコマーサー

　ライブコマースの事例として紹介したいのは、ライブコマーサーももち（牛江桃子）プロデュースのアパレルブランド「Lil Ambition」（リル アンビション）です。

　「Lil Ambition」は、ブランドをローンチした際、販売開始後15分でウェア全商品が即完売し、売上総額1,900万円を突破したことで話題になりました。

　ももちさんは元アパレル店員で、その経歴を生かして、わかりやすくてためになるファッションや美容などの情報を発信するライブコマーサーで、Z世代を中心に絶大な人気があります。

　ライブコマースで紹介した商品が即完売するなど、ファンの間では『#ももち買い』と呼ばれる消費行動が生まれています。

　そのももちさんが手掛けるブランドが「Lil Ambition」です。「Lil Ambition」の人気が高い理由は、ももちさんの個性やセンスが反映されたデザイン、高品質な素材の使用、そして限定性や希少性にあると考えられます。エニーマインドというEC・マーケティング支援企業がプロデュースに携わっていることも強みです。

　また、ライブコマースでのファンの反応をリアルに吸い上げて反映させることも大きなポイントです。ライブであるがゆえにわかることもあります。

　ももちさんは、ライブコマースでファンと対話するなかで、「着やせ」というニーズを発見しました。そして「着やせ・スタイルアップ」に特化

したアパレルブランドとして「Lil Ambition」を作ったのです。**参加型 &共創で、ユーザーが思う「今」を商品開発に取り入れられる**点は ライブコマースの大きなメリットです。

コンテンツと集客はM-YOU株式会社代表のももち社長が担い、受 注から出荷までのフルフィルメントや商品企画からの商品製造はエ ニーマインド側が担っています。

アパレルでの成功は難しいので、本格的な販売の前から「売れる」こ とがわかっている状態をつくれることは、在庫の観点からも重要です。

「Lil Ambition」のアイテムには、ももちさんの個性やブランドのコ ンセプトを象徴するデザインやロゴが施されており、若者のファッショ ンスタイルにマッチしています。

フォロワー数万のインフルエンサーじゃなくてもできる

ももちさんは、Instagramのフォロワーが18万人を超える、いわ ゆるインフルエンサーです。「ライブコマースなんて、数万人のフォロ ワーがいるインフルエンサーだからできるんだろう」と思うかもしれま せん。

確かに、インフルエンサーなら最初の時点ではうまくいくかもしれ ませんが、それ以降、リピートしてもらえるかどうかはわかりません。き ちんとした価値を消費者に提供し続けなければ、いくらインフルエン サーの商品でもリピートしてもらうことはできません。

実際には、特有のコミュニティだけに知られているマイクロインフル エンサー（フォロワーは数千から数万人）であっても、同様な取り組 みは可能です。狭く、深くニッチに特化することで共感が生まれてきま す。

ニッチな動画やコメント解説は面白く同じような趣味や嗜好性が ある人なら共感を覚えます。

このように発信を繰り返すことでライブコマースとして活躍することも可能で、多くのファンがつきます。

フォロワーがほぼ0人の人は、まずはフォロワーを増やしていくことから始めましょう。以前、私が支援している企業の広報担当者は「Instagramに4日間連続で投稿していますが、フォロワーが2人しかいません」と嘆いていました。最初はそれくらいが当たり前ですし、たった4日間くらいで嘆くのではなく、継続する必要があります。

そして継続して投稿するだけでなく、こちらから積極的に他の人をフォローし、コミュニケーションを取ったり、コメントをもらえたら必ずコメントバックしたりといった地道な取り組みは欠かせません。フォロワーの数よりも、深さを重視して、SNS運用を行ってください。

また、必ずしも、ももちさんのように「ライブコマース」という手法を採用する必要はありません。大事なことはファンを巻き込むことだからです。

自社の顧客からファン度の高い人をピックアップし、その人たちの 意見を聞き、巻き込みながら、商品・サービスを改善してつくり上げ ていく。そしてそのプロセスを外に発信していく。そのような手法であれば無理なくマネできるはずです。

03 事例❷ レッスン動画や 体験会を通じて価値提供

YouTubeでDIYのレッスン動画を配信

　岡山県に本拠を構える有限会社辻建材は、自社工場にて製造から販売まで一気通貫で漆喰と珪藻土に特化した自然素材100%の製品のロハスウォールを展開しています。全ての原料に、自然素材（国産）を使用することで、ケミカルレス（無垢材）の漆喰・珪藻土を製造しています。

　YouTubeでは、DIYで塗装に挑戦する人へのレッスン動画や施工例などを発信しているのも特徴です。他にも、以下のような特徴があります。

●製品は「自然素材100%」

　ロハスウォール製品は岡山産の消石灰、石灰石粉、一級河川の水、海藻糊など、全て自然素材で製造されています。

●「高品質な」サービス

　岡山県の本社工場で厳選された国産素材を使用して、高品質の漆喰と珪藻土を製造しています。

●売り方は「業界No.1のDIY支援」

　施工からDIYまでをサポートしており、業界でNo.1のDIY完成支援実績があります。

●集客は「YouTube」

　YouTubeで5100人のチャンネル登録者があり、そこから流入するという広告以外の流れもあります。例えば、下記の動画は7万回近い再生回数があります。

●「砂壁へのシーラーの塗り方、使い方！　古民家の和室の砂壁を漆喰でセルフリフォーム#4【漆喰DIY】」
https://youtu.be/qz0LQDtdrCQ

●多様なターゲット

　一般消費者からリフォーム会社、工務店まで幅広い顧客層に対応しています。BtoB（法人向け）とBtoC（個人向け）の両方のターゲットを顧客に持っています。

●オンライン販売

　ロハスウォール製品はインターネットでも購入可能であり、実物の

カラーサンプルも無料で提供しています。ビジネスモデル的にはフロントエンド商品と言われるアイテムからバックエンド商品と呼ばれるアイテムもあります。

体験価値を提供する

DIYをする人のニーズとして圧倒的に高いのは、

- ・費用を安く抑えたい
- ・自分好みにしたい

ということです。しかし、実際にDIYしようとすると、「自分でうまくできるのか？」という不安が湧いてきます。この不安を払拭できればDIYは業者に丸投げするよりも安くできるのでとても魅力的です。

このあたりの「不」の解消が大きなポイントになります。

漆喰の製品はネット通販だけで販売していても大きく売上が伸びてきません。よって、辻建材の辻社長は、左官屋さんが教える漆喰の塗り方の説明動画を準備し、さらには、一緒に漆喰を塗るという体験セミナー（体験コース）も用意しています。

体験を経験した顧客のLTV（顧客生涯価値）は高くなり、リピート率は60％も超えて全体の数値を引っ張っています。

ぜひ辻建材さんのように、自社の商品・サービスに「体験価値」を入れる場所がないか検討してみてください。

04 事例❸ ブランド ストーリーで共感を得る

おやつのサブスク「スナックミー」

「スナックミー」というサービスをご存知でしょうか。100種類以上のお菓子のなかから自分用にパーソナライズされた「おやつ体験BOX」が定期的に自宅に届く、おやつサブスクリプションサービスです。同社のサイトには次のような説明があります。

> おやつと、世界を面白く。
> 子どものころに待ちわびていた「おやつの時間」。ワクワクする、ほんの少し刺激的なひととき。でも最近、そんな「おやつの時間」を過ごしたのはいつのことでしょうか。
> （中略）
> 仕事や家事で疲れた時に。頑張った自分へのご褒美に大切なひとへの贈り物に。こどもの安心おやつ時間に。楽しい楽しいおやつの時間を、あらゆる人へ。子どもの頃に感じた、あのワクワクや幸せで、この世界を包みます。

スナックミーを利用すると、さまざまな種類のスナックが食べきりサイズ（約20〜30g）で届くので、ついつい食べたくなります。

しかも、スナックミーは引き算でおやつをつくります。人工調味料、ショートニング、白砂糖など、余計な原材料を使わないと決めて商品企画をしています。

また、テクノロジーを活用して新しいおやつ体験を提供している点も強みです。1分ほどで終わるアンケートに答えると、自社で製造する100種以上の「美味しくて健康的なおやつ」を、一人ひとりの好みに合わせて組み合わせてくれます。

「おやつと、世界を面白く」というブランドのコンセプトと製品の質は、スナックミーが成功している要因のひとつになっています。スナックミーのようなコンセプトの通販ブランドは今後も成長していくと考えられます。

ブランドストーリーが共感を得てコロナ禍でも成長

新型コロナウィルスによる感染症の拡大により、外食の機会が大幅に減りました。

2020年5月の統計では、2人以上世帯での食料支出に占められる内食が24%と過去最大を記録しました。米や麺類・生鮮野菜・生鮮肉・乳製品など、複数の種類の食品において支出が伸びました。

気軽に外食ができなくなってしまったコロナ禍では、ただ食品を買うだけでなく、世界観や体験を提供するD2Cブランドが伸びました。

D2Cと親和性が高い食品ブランドの食品は日々の生活において必須となるものなので、ブランドストーリーに共感を得やすいことからD2Cビジネスとも親和性が高いと考えられます。

スナックミーも「世界観」「ストーリー」を重視しており、従来のフード業界にはないサービスを提供する点が違いを生んでいます。

製品ラインナップ、販売方法、ブランドの目的はそれぞれ生い立ちによって異なります。ミニマム通販の立ち上げ時には、他社の先行事例を参考にしながら、さまざまな選択肢を視野に入れてストーリーを考えてみてください。

また、スナックミーは2023年からオフライン事業もスタートし、オンラインとオフラインの組み合わせでビジネスを展開しています。まさに、「コト付きモノ」での体験化です。

　さらに、社会貢献活動として売上の一部を復興支援のために寄付しています。事業活動を知ってもらうことで消費者との信頼関係を築いており、ファン化の取り組みもできています。

　ミニマム通販でも、スナックミーのビジネスはさまざまな部分で参考になるのではないでしょうか。

実運用者1人、半年で顧客2倍、定期購入率3倍の引き上げに成功したスイーツブランド「フルオーツ」

　同じおやつの分野でも「フルオーツ」は、東京都江東区にある企業です。健康や美容に意識が高まるなか、ヘルシーなおやつを提供することを目的とし、実運用者1人、半年運用で顧客を2倍にしました。

　だれでもおやつ時間を罪悪感なく楽しく過ごしていただけるよう、植物由来のシンプルな素材のみを厳選して、オートミール×おからのグルテンフリークッキーの「おいしさ」×「キレイ」を両立させる、「FruOats（フルオーツ）」を開発したのです。

　スーパーフードとして注目されているオートミールやチアシードのほか、おからやドライフルーツなどを使った、食物繊維・ビタミン・ミネラルたっぷりのグルテンフリークッキーです。

　主力商品である「FruOats」は、ストロベリーやピスタチオ、マンゴー、ココナッツ、りんご、シナモン、いちじく、アーモンド、オレンジ、チョコレートなど、さまざまなフレーバーがあります。

　特徴としては、

・おいしさとキレイの両立をテーマに、植物由来のシンプルな素材で作られたグルテンフリークッキーを提供すること。

・クッキー3枚で1日に必要な食物繊維の半分を摂取できること。

・保存料や人工甘味料、バター・卵・白砂糖などが不使用といった食材にもこだわっていること。

・日本のお菓子界を牽引するシェフに監修してもらっていること。

・ヴィーガン認証マークを取得していること。

が挙げられます。

●FruOats

https://shop.fruoats.jp/

これからの
通販は
どうなる？

テクノロジー進化とともに、通販業界も変革の兆しを見せています。生成AIの導入によるクリエイティブの可能性が広がっているほか、円安の流れを背景に、日本の通販会社は海外輸出通販への挑戦が求められています。商品の自社開発から仕入れの戦略変更も注目されるなか、通販の未来はどう変わるのでしょうか。

01 未来の通販を担う 6つの要素

〜〜〜〜〜〜〜〜〜〜〜〜〜〜〜〜〜〜〜〜〜〜〜〜〜

　2024年以降、通販業界においてもインフラとデバイスの進化が大きな影響を与えるでしょう。以下に、未来の通販に関連する6つの要素を紹介します。

❶5G（第5世代移動通信システム）

　高速・大容量、低遅延、多数端末接続の特徴を持つ次世代通信システム。自動運転や遠隔治療などに活用されます。

❷IoT（Internet of Things）：

　テレビ、冷蔵庫、エアコン、自動車など、さまざまなモノがインターネットに接続され、相互に制御される仕組み。Apple Watchのような時計も含まれます。

❸みちびき（準天頂衛星システム）

　日本の上空を8の字を描く軌道を持つ衛星システムで、位置測定の精度を数センチに向上させます。ドローン配達や自動運転車に応用されています。

❹RFID（Radio Frequency Identification）タグ

　商品に電波を発するタグを付け、自動的に点数と金額を表示する技術。スーパーのレジ通過が一瞬で完了する可能性があります。

❺顔認証技術

　NECの顔認証技術は高い性能を持ち、レジ通過のみで決済完了が可能になるかもしれません。

❻AI（Artificial Intelligence）

　音声認識やテキスト解析などで活用され、スマートスピーカーでも使われています。

　2025年の日常の生活風景を想像してみましょう。未来の女性会社員「ミク」はRFIDタグ付きの商品をネットスーパーで買い物し、顔認証から決済を完了させ、家の冷蔵庫に入れるとリストがモニターに表示され、通販のあり方はさらなる変化を遂げることでしょう。

02 ミニマム通販にも 生成AIの波

生成AIで業務効率向上

2023年、ChatGPTに代表される生成AIブームが訪れ、人々の生活や仕事を大きく変えています。この流れはミニマム通販の企画や運営にも影響を及ぼすと考えられます。具体的には、以下のようにさまざまな業務において生成AIを活用することが考えられます。

●顧客サービス向上

顧客からの質問やクレームに迅速に対応するための自動応答システムの構築を、生成AIを使って行う方法が考えられます。アメリカのオンライン靴通販「ザッポス」(Zappos.com)のコアバリューを参考に、顧客対応のひな形を設計することも有効でしょう。

ザッポス【10のコアバリュー】

1.サービスを通じて、WOW(驚嘆)を届けよう。

2.変化を受け入れ、その原動力となろう。

3.楽しさと、ちょっと変わったことをクリエイトしよう。

4.間違いを恐れず、創造的で、オープン・マインドでいこう。

5.成長と学びを追求しよう。

6.コミュニケーションを通じて、オープンで正直な人間関係を構築しよう。

7.チーム・家族精神を育てよう。

8.限りあるところから、より大きな成果を生み出そう。

9.情熱と強い意志を持とう。

10.謙虚でいよう。

●在庫管理

AIを用いて過去の購買データから在庫を予測し、適切な補充量を計算できます。

●商品レコメンデーション

顧客の購買履歴や閲覧履歴を基に、AIが関連商品を推薦できます。

●マーケティング戦略

AIを用いて効果的なメールマーケティングの戦略を練り、顧客に対するアプローチを最適化できます。コピーライティングやLPのデザインなどにも生成AIを活用できます。

●評判管理

ソーシャルメディアでの評価や感想をAIで分析し、顧客満足度の改善点を見つけ出します。

●自動化された分析

顧客データや販売データをAIで解析し、売上やファン度（プレファレンス）などの指標を自動で集計できます。

●製品開発

顧客からのフィードバックや市場のトレンドをAIで分析し、新しい商品やサービスのアイデアを生み出せます。

競合分析を行う

　生成AIは大量のデータを効率的に収集・整理することを得意としています。競合のWebサイトやソーシャルメディアの内容を収集して、その情報から競合の戦略やトレンドを分析できます。以下はChatGPTを活用して作成した競合分析シートと、作成手順の一例です。

ChatGPTで作成した競合分析シートの例

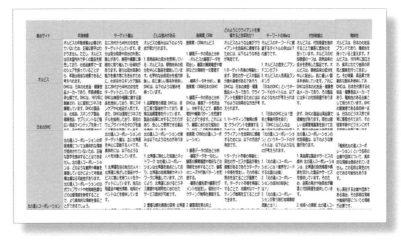

●ChatGPTで競合分析する際の手順

　以下はChatGPTを使って競合分析をする際の手順です。参考にして実際に分析をしてみてください。

①GUI（ツールの画面）から企業情報と商品情報を取得する。
②商品情報と企業情報にマッチする顧客セグメントを5種類作成する。
　・顧客セグメントには、職種、年代、性別、どのようなニーズを持つかを含む

・ペルソナには、職種、年代、性別、趣味、特技、よく使うスマホアプリ、よく見るメディアを含む

③インサイト（購買行動の動機）候補を3種類作成する。

④商品が顧客セグメントのもつニーズに対して、どのようなメリットがあるか2タイプ作成する。

⑤ ④で作成した2つのメリットに対して、キャッチコピーを3種類作成する。

⑥ ④で作成した2つのメリットに対して、インサイト（購買行動の動機）を考慮したキャッチコピーを3種類作成する。

⑦ ④で作成した2つのメリットに対して、インサイト（購買行動の動機）と商品情報を考慮したキャッチコピーを3種類作成する。

⑧商品情報とペルソナをもとに、販売促進する具体策を3つ作成する。

⑨広告を利用した販売促進案を3つ作成する。

⑩顧客企業自ら発信する販売促進施策を3つ作成する。

⑪アーンドメディア（ユーザーや消費者自身が情報を発信できるメディア）を3つ作成する

⑫CRM（顧客情報管理）マーケティングのため、ペルソナのニーズに合う販売促進案を3つ作成する。

⑬ ②〜⑫で作成したデータをスプレッドシートに書き込む（ペルソナ5タイプ分）。

では、実際にChatGPTを使ったプロンプトと事例を、以下にご紹介します。

●プロンプト

「私は、〇〇（顧客）を対象として〇〇という価値を提供する〇〇〇事業に取り組んでいますが、この書籍から学んだ重要な

ポイントをこの事業に活かすと今、どんな戦略を打ち出すべきで
すか?」
↓
●置き換え事例

「私は、D2Cや通販ビジネスを対象として、既存顧客が熱狂
的なファンになるためのCRMという価値を提供する通販コンサ
ルティング事業に取り組んでいますが、この書籍の『売ってから、
つくる!』ミニマム通販＝表面的なニーズだけでなく、本当のニー
ズを満たす商品やサービスを開発する手法から学んだ重要なポ
イントをこの事業に活かすと今、どんな戦略を打ち出すべきです
か?」
↓
●ChatGPTの回答

「『売ってから、つくる!』ミニマム通販という手法から学んだ重
要なポイントを、D2Cや通販コンサルティング事業に活かすため
の戦略を以下に示します。

・ニーズのリサーチと分析

顧客の本当のニーズを理解するために、市場調査や顧客イン
タビューを積極的に実施しましょう。データ分析を活用して、消
費者の行動パターンや嗜好を洞察し、市場のトレンドを把握しま
しょう。

・プロトタイプや試験販売

商品やサービスを開発する前に、プロトタイプを作成し、顧客
の反応をテストします。

小規模な試験販売を行い、市場での受け入れや需要を確認し
ます。

・カスタマイズと追加価値

顧客のフィードバックに基づいて商品やサービスをカスタマイズし、本当のニーズに合致させましょう。

顧客への追加価値提供に焦点を当て、競争力を高めます。

・**顧客エンゲージメントとコミュニケーション:**

顧客との継続的な関係を築くために、CRM（顧客関係管理）ツールを導入し、顧客情報を活用します。

ニュースレターやSNSを活用して、顧客とのコミュニケーションを強化しましょう。

・**ブランド構築と信頼性**

高品質な商品やサービスを提供し、ブランドの信頼性を確立します。

顧客に対して誠実で透明性のあるビジネスアプローチを実践しましょう。

・**スケーラビリティの考慮**

成功を収めた商品やサービスをスケーラブルにするための計画を立て、成長戦略を検討します。

・**コスト効率と効果的な運用**

効率的な生産プロセスや運用方法を確立し、コストを最適化します。

リソースの最適な配置と適切な技術の活用を検討します。

・**顧客教育とサポート**

顧客に対して、商品やサービスの価値を理解しやすく伝え、サポートを提供します。

FAQセクションやカスタマーサポート体制を整備しましょう。

以上の戦略を組み合わせて、D2Cや通販コンサルティング事業において、顧客の本当のニーズに応える価値提供を強化し、熱狂的なファンを増やすための成功を追求しましょう」

●ChatGPT-4の有料版をご利用の方

薬機法に抵触しているか否かのプロンプトを以下にご紹介します

#依頼

あなたは(#役割)です。

次の(#ルール)を必ず守り、日本の薬機法において、広告文作成の時に気をつけるべきポイントを漏れなく書き出して下さい。

#役割

薬機法チェックの法務担当者

#ルール

-参照した原文の箇所を記載してください。

-(#評価・改善)の方法で評価し、出力に含めてください。

-(#参照)を例にして出力して下さい。

****

(ここにコピペで作成した広告文を入れる)

****

#形式

ー表形式

-列は「問題の箇所」・「問題となる薬機法の条項」・「薬機法上問題となる理由」・「薬機法をクリアできる代替案」・「評価」

#評価・改善

-薬機法に関するリスク度合いを5段階で評価してください。

#参照

-なし

(※もし、該当する参照があればここに記入する)

●ある広告文を差し込んで出力されたGPT4の回答例

問題の箇所と薬機法の違反ポイント

素肌の美しさを引き出す／ハリツヤ活性成分

問題となる薬機法の条項: 第66条
薬機法上問題となる理由: 効能や効果について過度な表現や誤解を招く恐れがある。
薬機法をクリアできる代替案:「素肌をケアする成分を配合」と表現を変更する。
評価: 4 (高いリスク)
人の体やお肌に備わっているとても抗酸化作用の高い成分「グルタチオン」を増やす働きで、さびないスキンケアをサポート

問題となる薬機法の条項: 第66条
薬機法上問題となる理由: 具体的な体内成分の変化をうたっており、医薬品的な表現になっている。
薬機法をクリアできる代替案:「肌の抗酸化サポートをする」という一般的な表現に変更する。
評価: 5 (非常に高いリスク)

このように出力されます。(4と5を抽出)

03 海外輸出を見据えた 通販運営が必須に

円安というボーナスチャンスを生かす!

　円安が続いている現状を考えると、日本で通販ビジネスを展開する企業にとって海外輸出は有望な戦略です。円安により、日本の製品は海外市場で競争力を持ちます。国際市場での展開は収益を多角化し、リスクを分散させるチャンスでもあります。海外進出することで、新規顧客獲得や売上拡大だけでなく、ブランド価値の向上などの効果も期待できます。

　特に東南アジア地域では、EC市場そのものの急速な拡大が見られます。すでにミニマム通販を始めている企業だけでなく、これから始めようと考えている企業にとっても、海外市場への進出は検討課題のひとつといえます。

　しかし、海外輸出には課題も伴います。現地市場の研究や販路の開拓が必要です。品質とローカライズが成功の鍵です。また、通関手続きや為替リスクにも注意が必要です。綿密な計画とリソースの適切な配置が不可欠です。

　円安のメリットを活かすために、海外市場への進出を真剣に検討し、戦略的なアプローチをとることがビジネスの成長につながります。

どの国へ展開するか

　海外進出を検討する時に、まず考えなければならないのが、進出する対象国です。成長市場である東南アジアへの進出が比較的成功しやすいといえますが、一口に東南アジアといってもいろいろな国があります。以下のようなポイントで検討するとよいでしょう。

●日本びいきの強い国々

　日本びいきの強い国々（親日国）での展開はさまざまな点で有効です。日本製品に対する需要の高さ、「高品質」という日本ブランドへの信頼、文化的な共感などが発揮できるからです。

　例えばタイは日本の文化や商品に対する高い関心があります。親日感情が強く、日本製品の信頼性も高いため、D2Cや通販ビジネスの展開がスムーズに進む可能性があります。マレーシアは日本のテクノロジーやデザインに対する評価が高く、高品質な日本製品への需要が見込まれます。

●経済成長率が高い国々

　経済成長率が高い国で通販ビジネスを展開すれば、市場拡大の恩恵を受けられます。

　例えばベトナムは継続的な経済成長と若い人口層が特徴で、新しい市場としての潜在力があります。投資環境も改善されつつあるため、ビジネスの拡大が期待されます。フィリピンは人口の増加と中産階級の拡大が進んでおり、消費市場が拡大しています。日本ブランドへの関心も高いため、有望な市場となるでしょう。

●SNSの普及率が高い国々

　ミニマム通販と相性の良い、SNSの普及率も見るべきポイントとい

えます。

　例えばインドネシアはSNS利用率が非常に高く、オンラインマーケ
ティングが効果的に行える環境が整っています。特に若者層へのアプ
ローチが可能で、ブランドの認知拡大が期待されます。シンガポール
は高いインターネット普及率とSNSの利用が特徴で、先進的なオンラ
インマーケティング戦略が展開しやすい環境があります。

調査すべき項目

　海外進出の対象とする国をピックアップしたら、以下のような点も
調査する必要があります。

●輸出規制と取引のしやすさ

　輸入国の関税、規制、法律などを把握し、輸出がスムーズに行える
かを確認することが重要です。通商協定の有無や内容も参考になるで
しょう。

●GDPと経済成長率

　目的地の経済規模（GDP）と成長率は、市場の潜在力と安定性を示
す指標となります。高いGDPや成長率が見込まれる国への進出は、長
期的なビジネスチャンスを提供する可能性があります。

●消費者の嗜好と需要

　日本の製品やサービスが受け入れられるかどうか、現地の文化や
消費者の嗜好を理解することが求められます。市場調査を行い、ター
ゲット層のニーズを正確に把握するとよいでしょう。

●物流と供給網

輸出先での物流インフラや供給網の確立が必要です。物流コストや納期管理も考慮に入れるべき視点となります。

●通貨リスクと決済システム

為替リスクの管理や現地での決済システムに対応できるかどうかも、重要な視点となります。

●競合と市場の飽和度

すでに競合が進出しているか、市場が飽和していないかどうかなども選定の際に考慮すべき点です。

●政治・社会的安定性

政治的に安定している場所であれば、長期的なビジネス展開がしやすくなります。

　以上の視点を基に、戦略的に市場選定を行うことで、効果的かつ安定した輸出展開が可能となるでしょう。

　これらの条件を踏まえたうえで、貴社の製品やサービス、ブランドイメージと合致する国や地域を選定することで、より効果的な海外展開ができるようになるはずです。

海外通販で有効なライブコマース

　Chapter5の「02　事例❶ユーザーを巻き込み、共創するインフルエンサー」で紹介した「ライブコマース」は、海外で急成長している販売手法です。東南アジアでは、Z世代が消費の中心になり急成長しており、海外進出する際には非常に有効な販売手段となります。成功事

例としては、以下のようなものがあります。

●珠海格力電器

大手電機メーカー。董事長自らライブコマースを行い、102億7,000万元を売り上げました。

●ボス・グリーン

ダウンジャケットのブランド。ライブコマースで300万着を売り上げ、2万人以上のファンを獲得しました。

●ショッピー

東南アジア最大のECプラットフォーム。ライブコマース機能を提供し、多くのセレブやインフルエンサーが参加しています。

まだまだ日本では普及はしていませんが、今後この波は必ず日本にやってきます。ライブコマースはテレビ通販の進化版とも言え、商品の宣伝や販売を効果的に行うことができます。テレビ通販からの経験を生かし、新たなビデオプラットフォームで展開することが可能です。

テレビ通販で有名な「ジャパネットたかた」は、創業社長が交代してからもジャパネット流「伝え方」の秘訣を、その後の担当者に引き継いでいます。創業者の髙田明氏のノウハウをひな形にして、ライブコマースの「伝え方」を研究してみるのもよいでしょう。

ライブコマースの大きな特徴のひとつが、リアルタイム配信であることです。配信を見る場所、環境はばらばらであっても、その瞬間ユーザーは配信者や他のユーザーと同じ時間を共有することになります。

数年前から、体験の価値に重きを置く「コト消費」の需要が高まっており、ライブコマースはこの需要にも沿った動きといえます。

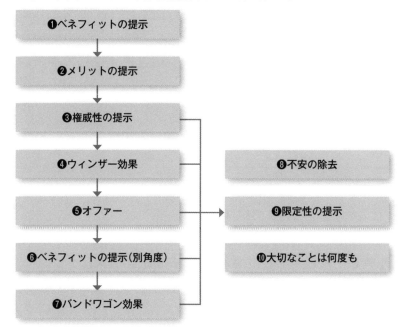

ジャパネットたかた・高田元社長のセールストーク

❶ベネフィットの提示

❷メリットの提示

❸権威性の提示

❹ウィンザー効果

❺オファー

❻ベネフィットの提示（別角度）

❼バンドワゴン効果

❽不安の除去

❾限定性の提示

❿大切なことは何度も

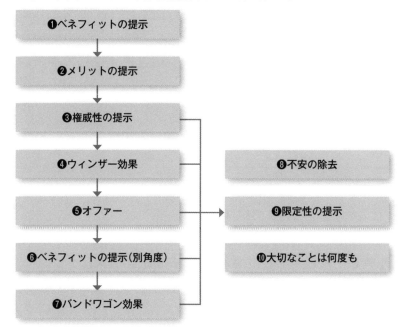 ...

　ライブコマースは配信自体を体験できるコンテンツとしてユーザーに楽しまれているといえます。生配信ならではの、次の展開がわからないドキドキ感も興味を惹きつけています。

　また、インフルエンサーによる配信ではなく、開発者や生産者など作り手が登場する配信のほうが、実は商品の魅力が伝わりやすいという声があります。メーカーや販売者の商品にかける熱い思いが、ユーザーにとってはコンテンツとして大いに歓迎されており、好感度の上昇につながっているのです。

　ライブコマースは商品・サービスの提供者とユーザーを結びつけるコミュニケーションツールとして、そしてゆくゆくはファンの育成に貢献するものとして期待されています。

04 商品がない場合には どうするか

他社商品を仕入れて販売する方法もある

　販売する商品がない場合はどうすればいいでしょうか。その場合は、「仕入れて売る」という方法もあります。

　「スーパーデリバリー」は、アパレル・雑貨を中心とするメーカーと小売業・サービス業などの事業者が利用する卸・仕入れサイトです。商品や備品などを直接メーカーや問屋から仕入れられます。こうしたサイトを活用して商品を仕入れるのもひとつの方法です。

　ただし、サイトで売られている同じ商品は、競合他社も仕入れることが可能です。つまり、**同じ商品を取り扱う競合他社と勝負することになるので、差別化できるコンセプトを打ち立てる必要があります。**

スーパーデリバリーのWebサイト

https://www.superdelivery.com/

他社商品を取り扱う際はコンセプトが重要に

　コンセプトとはどういうことでしょうか。辞書で引くと「概念」とありますが、通販ビジネス的には、「ひと言で言うと、どうすごいのか」を意味する言葉と覚えてください。

　ミニマム通販で多い業種である健康食品と化粧品分野で、コンセプトをつくるうえでのポイントを考えてみましょう。

●健康食品におけるコンセプトづくりのコツ

　コンセプトメイキングをするうえで多くの会社が犯しがちな間違いは、健康食品の成分にフォーカスしてしまうことです。それだけではコンセプトとして不十分といえます。なぜならば、健康食品はあくまでも「健康補助食品」であって、成分に何らかの効果があることを謳えないからです。

　よってコンセプトメイキングする際に大切なことは、15の軸でとらえて、自社の商品を表現できる切り口がないかどうかを探すことです。15の軸とは「新規性・歴史性・機能性・限定性・気づき・評価・人気・感動・実績・不安・解決・期待・比較・疑問・価格」です。

　このような切り口を付加することによって、自社商品ならではのコンセプトを見つけることが可能になります。大切なことは、**「ひと言で言うとどうすごいのか」がわかり、かつ他社が謳っていないコンセプトをつくり上げること**です。

　そのためには、自社だけを見ていても駄目で、競合他社の動きを把握しておくことが大切になります。直接的なライバルだけでなく、間接的なライバルも含めて分析し、空いているポジションを探すと、よりエッジが効いたコンセプトを作成できます。

ビジネスアイデアを定義するなら、便益があって独自性があるか否かを決めるアイデアのことです。またこのアイデアは、2種類あると言われています。1つ目はプロダクトアイデア、2つ目はコミュニケーションアイデアになります。1つ目のプロダクトアイデアは製品そのものになり、2つ目のコミュニケーションアイデアでどのように認知してもらえるかがポイントになります。認知していただくためにも、コンセプトはとても重要です。

●化粧品におけるコンセプトづくり

　資生堂の「マジョリカ　マジョルカ」というブランドをご存知でしょうか？　「〝かわいい〟の扉がひらく」をコンセプトにしたコスメブランドで、ブランド名は「女の子をかわいくする魔法の呪文」という設定です。

　「魔法をかけて変身したい」という女性の願望を叶えるという意味で、まさにぴったりのコンセプトといえます。

　かつて資生堂は、若年層の女性にはあまり受け入れられていませんでした。30歳後半から50歳くらいが主なターゲットでした。

　そこで資生堂は、20代女性をターゲットにしたこの商品を展開していく際（2003年頃）、「マジョリカ　マジョルカ」というブランドや世界観を前面に押し出し、資生堂という社名をなるべく出さないようにしたのです。

　これは非常に参考になる事例です。**女性をターゲットにブランディングをする化粧品は、世界観が重要**です。「草花木果」というブランドも上手に世界観を創り出しています。

　化粧品は成分を訴求しても売れません。世界観で売ることが大切です。メッセージ、カラーリング、デザイン、全てを統一した世界観でアピールしていく必要があります。

　現在あるブランドの世界観をリニューアルすることは大変ですが、0→1の段階であれば、最初から世界観を構築していくことが可能です。

　ヒントになるのは、リアルの店舗です。特に百貨店内の化粧品ブランドを訪れて、その世界観を観察してください。店づくりや商品ラインナップだけでなく、パンフレット、接客の様子も参考になります。そこで得た気づきを言語化して、自社にどのように応用できるのか考えてみるのもいいでしょう。

売れるものを見つける8つの方法

　売れるものを見つけるために有効な8つの方法があります。

【売れるものを見つける方法】
❶顧客の不満や悩みの種を解決する
❷熱狂的なマニアにアピールする
❸あなたの個人的な情熱や仕事の経験をコンテンツ化する
❹トレンドをキャッチする
❺商品のカスタマーレビューを読む
❻キーワードの検索から市場の可能性を見つける
❼テストマーケティング（クラウドファンディング）
❽アンテナを張っておく

　ひとつずつ解説します。

❶顧客の不満や悩みの種を解決する（「不」の解消）

　顧客が感じている不満や悩みの種を解決することは、人が欲しがる商品を開発するうえでも最も効果的です。「不」の解消はとても重要で

す。「不安・不備・不快・不平・不運・不意・不眠・不明・不足・不可」など
を解決する方法を考えてみましょう。

　既存の商品に共通する不満に気づいた時は、注目に値します。自分
が日常的に感じている「悩み」や「不満」を意識することで、収益性の高
い商品アイデアが生まれるかもしれません。

❷熱狂的なマニアにアピールする

　消費者が特定の業界や趣味に熱中している場合、彼らは欲しいと
思う商品を手に入れるためにお金をかけます。この購買意欲は、製品
や製品群の潜在的な可能性を評価する際の重要な要素となります。
ゴルフなどの趣味に熱狂的なマニアがいます。

❸あなたの個人的な情熱や仕事の経験をコンテンツ化する

　自分の興味やノウハウに基づいてニッチな分野のユニークな商品
をつくり、販売することで、非常に大きな利益を得られます。自分の専
門知識をオンラインビジネスに活かしてみましょう。

❹トレンドをキャッチする

　いち早くトレンドを察知することは、新規事業にとって大きな勝利
を意味します。他社に先駆けて市場に参入し、リーダーとしての地位
を確立できるからです。

　ここで知っておきたいのは、「ブーム」と「トレンド」とは同じではな
いということです。ブームとは、目新しさやギミックに基づいて脚光
を浴びたモノやコトによる、短期的な盛り上がりのことを指します。
ブームに基づいてビジネスを構築した場合、その需要はいずれ消滅
してしまいます。

　トレンドとは、あるジャンルで流行している傾向（動き）で一過性の
事象ではなく、中長期的な傾向があります。これがブームとトレンドの

大きな違いです。例えば、タピオカドリンクはブームで、移動販売はトレンドです。

　トレンドをキャッチするのに参考になるサイトを紹介しておきます。これらのサイトを日頃からチェックするようにしてください。

> ・Amazonの売れ筋ランキング
> ・Amazon Most Wished For（Amazonのほしい物ランキング）
> ・Amazon Movers & Shakers（Amazonの人気度ランキング）
> ・Popular on Kickstarter（クラウドファンディングサイト）

❺商品のカスタマーレビューを読む

　オンラインで販売している商品はもちろん、そうでない商品も、インターネットで探せばカスタマーレビューを見つけることが可能です。カスタマーレビューには次の商品開発のヒントになるような、トレンドや興味深い意見が混ざっています。❶の「不」の声に注目してみてください。

❻キーワードの検索から市場の可能性を見つける

　検索エンジンからの自然流入が重要であることは周知の事実です。「ターゲットサーチ」などの分析ツールを使って売れるキーワードを検索してみてください。

　関連商品から検索を始めることでお宝キーワードが発掘できます。特定業界や商品カテゴリだけでなく、関連商品や顧客がよく一緒に購入する商品をチェックしてください。またこれらのキーワードを商品説明のボディコピーに使用してください。

❼テストマーケティング（クラウドファンディング）

　本書で説明したように、クラウドファンディングによるテストマーケティングは需要調査に役立ちます。クラウドファンディングの前には、商品コンセプトのみを宣伝するためのLP（トップページ）を作成して、そこにトラフィックを誘導するための有料広告を数回実施することは有効な手段です。

❽アンテナを張っておく

　新しいアイデアは思いがけない瞬間に現れるもの。常にアンテナを張っておくことが大切です。テレビ東京の『ガイアの夜明け』や『ワールドビジネスサテライト』（のコーナー「トレンドたまご」）などをチェックしましょう。

おわりに

〰〰〰〰〰〰〰〰〰〰〰〰〰〰〰

　最後までお読みいただきましてありがとうございます。

　私は、製品の枠を超えて、社長の「らしさ」「生き様」「世界観」を商品に色濃く投影して、消費者の心に刺さるメッセージを発信することが、小さくても唯一無二のNo.1企業になることにつながると信じています。

　私の会社は、小さな会社だからできる「小売業の変革をデジタルとアナログの融合で実現する」をビジョンに掲げ、共創価値を科学的につくりだすことを追い続けています。私は一部上場企業からベンチャー企業の通販業界で25年以上にわたり実務を経験し、現在はネット通販企業を支援する立場のコンサルタントとして、そのビジョンの実現に情熱を注ぎ続けてきました。通販コンサルタントとして、この業界の発展のために少しでも、私が持っている資産やノウハウを伝えたいと切に思っています。

　本書の執筆にあたって、日本にダイレクトレスポンスマーケティング（DRM）を普及させたマーケター神田昌典先生に感謝を申し上げたいと思います。私はサラリーマン時代に神田先生の著書をDRMの教科書として読み、今では50刷りになった『あなたの会社が90日で儲かる！』（フォレスト出版）を何回も熟読し、起業した今では、アルマ・クリエイション株式会社が主宰する「米国DMA公認ファンダメンタルマーケター」の資格養成プログラムを受講しました。そこで芽生えた

「デジタル時代のDRMを小売業にもっと活かしたい」という思いが、コンテンツづくりの第一歩になりました。

　今でも、神田先生が主宰する「実践会」で学ぶ機会が多くあり、そこで実践報告をさせていただくなかで言語化し、体系化したこともたくさんありました。心からの感謝を申し上げます。

　また、私を鍛えていただいた通販会社ムトウ（現スクロール）の上司にも感謝を申し上げます。すでに3名は他界されていますが、本書に解説した「ネット通販に必要な基準値」などに、そのDNAは脈々と受け継がれています。

　個別コンサルティングサービスを受けて頂いているクライアント企業様・デジタルコマース実践道場の塾生経営者の皆様、社外・アイデア企画室株式会社の個別コンサルティング先のクライアント様にもお礼を申し上げます。皆様の事例は多くの読者の参考になったと思います。

　さらに、社外・アイデア企画室株式会社の代表取締役兼CEOの佐々妙美さんにはいつも応援していただいています。ゼロイチで通販化したクライアント様が次の壁にぶち当たるのを見て、ファンの重要性を強く感じるようになったタイミングで、社外・アイデア企画室の法人化する前にジョインし、多くの企業様のファンコミュニティやCRMを実践に関わることができたのも、「あの沖縄での誓い」（コンサルティングやセミナー事業からの脱却）からでした。ぜひ、SaaSモデルにシフトできるように事業を構築して頑張りましょう。

　本書の刊行にあたっては、スタンダーズ株式会社編集部の河田　周平様にご協力いただきました。厚くお礼を申し上げます。

　最後に本書が読者の皆様にとって、『何があっても生き残るミニマム通販のススメ』として小さな企業の「スタンダード基準」となり、少しでも日本経済の活性化に寄与することを期待しています。

2024年1月

株式会社ルーチェ代表取締役／通販プロデューサー

西村公児

西村 公児 Koji Nishimura

通販プロデューサー&コンサルタント
米国DMA公認ファンダメンタルマーケター
株式会社ルーチェ代表取締役
社外・アイデア企画室株式会社取締役兼CMO
一般社団法人インターネット通販協会代表理事
多摩大学経営情報学部講師

大阪府出身。年商600億円の大手通信販売会社で債権回収から販売企画までを16年経験。その後、化粧品メーカーの中核メンバーとして5年間マーケティング業務に従事し、顧客企業の販促支援でレスポンス率を2倍にアップするなど成果を上げる。2014年4月24日、株式会社ルーチェを設立後、独自メソッド「通販6ステップ法『ベルトコンベア理論』」を提唱する。さらに、国内の注目ビジネスモデルや経営者に焦点を当てたテレビ番組への出演や経済情報コンテンツにて記事連載。2016年には一般社団法人インターネット通販協会を設立し、代表理事長就任。流通総額3,800億円以上、法人421社(内、上場企業7社)支援。2021年6月には、社外・アイデア企画室株式会社の取締役兼CMOに就任し、既存顧客のロイヤル会員化からレイヴィングファンまで、顧客を熱狂的なファンに育て愛されるブランドを築く「ただの顧客じゃ終わらない。ロイヤル会員を超え、レイヴィングファンを創造するブランド戦略」を提唱。著書に『伝説の通販バイブル』(日本経済新聞出版社)、『小さな会社ネット通販 億超えのルール』(すばる舎)など。現在、多摩大学経営情報学部の講師として「流通論」「ビッグデータ・マーケティング」について学生に教える。

西村公児公式サイト
https://koji-nishimura.jp/

株式会社ルーチェ公式サイト
https://luce-consulting.com/

社外・アイデア企画室株式会社公式サイト
https://ideakikaku.com/

知識なし　予算なし　人手なし　時間なし

それでも稼げる通販メソッド

売ってから、つくる!
ミニマム通販バイブル

小さな会社のための
稼げる仕組みのつくり方

2024年2月29日　初版第1刷発行

著　者	西村公児
編集人	河田周平
発行人	佐藤孔建
印刷所	中央精版印刷株式会社
発　行	スタンダーズ・プレス株式会社
発　売	スタンダーズ株式会社

〒160-0008 東京都新宿区
四谷三栄町12-4 竹田ビル3F
営業部　*Tel.03-6380-6132*
Fax.03-6380-6136
https://www.standards.co.jp/

編集協力	平 行男
企画協力	中山マコト
ブックデザイン	高橋コウイチ(WF)
DTP・図版作成	西村光賢